职业院校学生人文社科通识课教材

地理

主　审　张逢成
主　编　郑广春　冯立梅
编　者　黄素芳　钱淮宁　姚　震
　　　　陈晓侠　高　凯

苏州大学出版社
Soochow University Press

图书在版编目(CIP)数据

地理/郑广春,冯立梅主编. —苏州:苏州大学出版社,2020.6(2024.2重印)
ISBN 978-7-5672-3157-3

Ⅰ.①地… Ⅱ.①郑…②冯… Ⅲ.①地理—世界—教材 Ⅳ.①K91

中国版本图书馆 CIP 数据核字(2020)第 092880 号

地 理

郑广春 冯立梅 主编

责任编辑 管兆宁

苏州大学出版社出版发行
(地址:苏州市十梓街1号 邮编:215006)
广东虎彩云印刷有限公司印装
(地址:东莞市虎门镇黄村社区厚虎路20号C幢一楼 邮编:523898)

开本 787 mm×1 092 mm 1/16 印张 14.25 字数 279 千
2020 年 6 月第 1 版 2024 年 2 月第 14 次修订印刷
ISBN 978-7-5672-3157-3 定价:35.00 元

若有印装错误,本社负责调换
苏州大学出版社营销部 电话:0512-67481020
苏州大学出版社网址 http://www.sudapress.com
苏州大学出版社邮箱 sdcbs@suda.edu.cn

前 言

人文素养,如一种精神,穿越时空的云烟,历久弥新;如一种怀念,历经时代的风雨,更臻醇厚。

伴随着时代经济的飞速发展,社会对技术技能型人才提出了很高的要求,在此背景下,学生的综合素养已经成为衡量技术技能型人才的重要内容。人文教育是职业院校人文素养构成的载体,在学生人文素养自我培养、自我塑造、自我完善的过程中,地理知识的学习和积累也是一个重要的方面。本书在此基础上酝酿而出。

本书分自然地理和人文地理两篇,从不同的角度把相关地理学知识分为十二个章节,每个章节以专题形式介绍一个主题。模块一为自然地理篇,包括:宇宙、地质、地貌、气候、海洋、森林;模块二为人文地理篇,包括:能源、人口、丝绸、交通、环境、世界遗产。希望通过对学生进行自然地理与人文地理知识的传授进而加深对学生人文素养的熏陶,为学生的未来发展提供丰富的精神养分和可持续发展的动力。

本书的特点表现在:一是针对职业院校学生的特点,不过分追求学科的系统性,强调可读性、趣味性和普及性;二是图文并茂,融知识介绍于日常的阅读中,利于拓展学生的知识广度与维度;三是每个单元的主题紧贴时代,和生活息息相关,与社会脉脉相通。

在本书的编写过程中参考并借鉴了有关资料,在此谨向原作者致以敬意与感谢。由于时间紧促,未及一一联络,敬请谅解。

书中难免存在疏漏和不妥之处,望读者批评指正。

编者

前　言

人文素养,如一种精神,穿越时空的云烟,历久弥新;如一种怀念,历经时代的风雨,更臻醇厚。

伴随着时代经济的飞速发展,社会对技术技能型人才提出了很高的要求,在此背景下,学生的综合素养已经成为衡量技术技能型人才的重要内容。人文教育是职业院校人文素养构成的载体,在学生人文素养自我培养、自我塑造、自我完善的过程中,地理知识的学习和积累也是一个重要的方面。本书在此基础上酝酿而出。

本书分自然地理和人文地理两篇,从不同的角度把相关地理学知识分为十二个章节,每个章节以专题形式介绍一个主题。模块一为自然地理篇,包括:宇宙、地质、地貌、气候、海洋、森林;模块二为人文地理篇,包括:能源、人口、丝绸、交通、环境、世界遗产。希望通过对学生进行自然地理与人文地理知识的传授进而加深对学生人文素养的熏陶,为学生的未来发展提供丰富的精神养分和可持续发展的动力。

本书的特点表现在:一是针对职业院校学生的特点,不过分追求学科的系统性,强调可读性、趣味性和普及性;二是图文并茂,融知识介绍于日常的阅读中,利于拓展学生的知识广度与维度;三是每个单元的主题紧贴时代,和生活息息相关,与社会脉脉相通。

在本书的编写过程中参考并借鉴了有关资料,在此谨向原作者致以敬意与感谢。由于时间紧促,未及一一联络,敬请谅解。

书中难免存在疏漏和不妥之处,望读者批评指正。

编者

目录 Contents

模块一 自然地理篇 1/

第一章 地球是个孤独的星球吗？
——宇宙部分 1
- 第一节 认识宇宙 2
- 第二节 认识太阳系 10
- 第三节 认识地球 14

第二章 为什么近年来地震频发？
——地质部分 20
- 第一节 地震 22
- 第二节 地球内部结构 27
- 第三节 关于地球运动的理论研究 31

第三章 科技真的能给地球美容吗？
——地貌部分 35
- 第一节 地球表面形态 36
- 第二节 主要地貌类型及其成因 41

第四章 地球真的越来越暖了吗？
——气候部分 49
- 第一节 地球上的大气 51
- 第二节 天气与气候 53

第三节　全球变暖　　　　　　　　　　59

第五章　生命的起源在哪里？
　　　　　　　——海洋部分　　　　　63

第一节　生命的起源与演化　　　　　　64
第二节　海洋面临的威胁　　　　　　　70
第三节　保护海洋　　　　　　　　　　75

第六章　地球之肺还能医治吗？
　　　　　　　——森林部分　　　　　78

第一节　世界的森林资源　　　　　　　80
第二节　地球之肺——热带雨林　　　　82
第三节　热带雨林的保护　　　　　　　88

模块二
人文地理篇
93/

第七章　大地赐给人类的礼物是什么？
　　　　　　　——能源部分　　　　　93

第一节　认识能源　　　　　　　　　　94
第二节　常规能源　　　　　　　　　　97
第三节　新能源　　　　　　　　　　　101
第四节　新能源革命　　　　　　　　　106

第八章　人类真的是地球的负担吗？
　　　　　　　——人口部分　　　　　114

第一节　中国的人口与国土　　　　　　115
第二节　中国的人口与民族　　　　　　121
第三节　中国的人口与老龄化　　　　　122

第九章　重建"丝绸之路"能实现吗？
——丝绸部分　130
第一节　丝绸绪论　132
第二节　丝纺织工业　135
第三节　丝绸之路　137

第十章　陆地上人类能实现高速飞行吗？
——交通部分　148
第一节　高速铁路绪论　150
第二节　高速铁路线路　155
第三节　磁悬浮铁路　159

第十一章　PM 2.5 有可能降低吗？
——环境部分　166
第一节　PM 2.5 概述　168
第二节　PM 2.5 带来哪些影响　170
第三节　PM 2.5 的治理　174

第十二章　到哪里去找寻人类智慧的结晶？
——世界遗产部分　182
第一节　世界遗产名录——中国名录　185
第二节　世界遗产名录——世界名录　214

模块一 自然地理篇

第一章 地球是个孤独的星球吗?

——宇宙部分

导语

白天,太阳东升西落;夜晚,繁星点点。天上的星星到底有多少颗?地球有邻居吗?天到底有多大呢?自古以来,人类一直在不断地探索宇宙,并且还将不断地深入探索下去……

地球外貌

一、教学目标

(一)知识目标:了解地球的宇宙环境概况;了解太阳及其对地球的意义与影响。

(二)能力目标:掌握天体系统的组成。

(三)素质目标:知晓人类对宇宙的探索历程。

二、教学重点

天体系统的组成;太阳系的主要成员。

三、教学难点

分析地球上具有生命的条件和原因,探讨如何探索地外文明,建立保护宇宙空间环境、合理开发宇宙资源的观念。

第一节　认识宇宙

一、关于宇宙的起源

我国古代就有"四方上下谓之宇,古往今来谓之宙"的说法,这是用空间和时间来表达宇宙的内涵。

现代天文学家通过各种观测手段认识到,宇宙是广袤空间和其中存在的各种天体以及弥漫物质的总称。宇宙是物质世界,它处于不断的运动和变化中。千百年来,科学家们一直在探寻宇宙是什么时候形成、如何形成的。目前科学界所普遍接受的宇宙起源理论认为,宇宙是由大约150亿年前发生的一次大爆炸形成的。当时,宇宙内的所有物质和能量都聚集到了一起,并浓缩成很小的体积,温度极高,密度极大,瞬间产生巨大压力,之后发生了大爆炸。大爆炸使物质四散出去,宇宙空间不断膨胀,温度也相应下降,后来相继出现了宇宙中的所有星系、恒星、行星乃至生命。

一般认为,大爆炸后30亿年,最初的物质涟漪出现,之后类星体逐渐形成;大爆炸后90亿年,太阳诞生;直到38亿年前,地球上的生命开始逐渐演化。

著名科普作家、天文学家卡尔·萨根在《伊甸园的飞龙》一书中提出了宇宙年历。在这份年历里,萨根把宇宙的历史压缩到1年里,年历中的每一秒都相当于438年,每个小时相当于158万年,而每一天相当于3 792万年。书中的宇宙年历是这样表述的:

1月1日,奇点大爆炸后,宇宙形成。

5月1日,银河系诞生。

9月9日,太阳系诞生。

9月14日,我们赖以生存的地球诞生。

9月25日,地球上诞生了第一个生命。

11月1日左右,第一批有性生物诞生。

12月14日,多细胞生物诞生。

12月18日,海洋浮游生物出现。

12月19日,第一批鱼类和第一批脊椎动物出现。

大爆炸宇宙学图解

12月21日，海洋动物登上陆地。

12月24日，恐龙出现。

12月28日，恐龙走向灭绝。

12月29日，第一批灵长类动物开始出现。

12月30日，灵长类动物的大脑开始向更高级进化，出现类人类物种。

在接下来的12月31日一天的时间内，人类开始出现，整个地球历史进入飞速发展的时代。22点30分，第一批人类诞生；23点46分，北京人学会使用火，制造工具；23点59分20秒，人类进入农业社会；23时59分53秒，中国四大发明之一的指南针诞生；23时59分59秒，中国明朝派郑和下西洋；在23时59分59秒到24时这短短一秒的时间内，我们所在的年代到来：第一次工业革命、第二次工业革命、互联网诞生……

二、宇宙中的天体与天体系统

（一）天体

宇宙空间存在的各种星体和星际物质，统称为天体。在地球上，我们用肉眼或借助天文望远镜等探测手段，可以发现宇宙中的天体是多样的，包括恒星、行星、星云、流星体、彗星和星际物质等。区别于这些自然天体，人类发射并在太空中运行的人造卫星、宇宙飞船、空间实验室、月球探测器、行星探测器、行星际探测器等则被称为人造天体。在宇宙中，最基本的天体是恒星和星云。

1. 恒星

恒星是宇宙中最重要的天体，是能自己发光的球状或类球状天体。恒星是由炽热气体组成的，它们的主要构成物质是氢，其次是氦，其他元素很少。

恒星间的距离都非常遥远。太阳是距离地球最近的一颗恒星，太阳光到达地球需走8分多钟。由于恒星间距离太遥远，以至在短时间内肉眼观察不出它们位置的变化，因而有"恒星"之称。但实际上所有恒星都在宇宙中以不同的速度沿着不同的方向运动着，如我们所熟悉的北斗七星，在10万年以前和10万年以后的形状都与现在不同。

  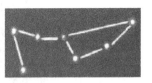

10万年前的北斗七星　　　现在的北斗七星　　　10万年后的北斗七星

2. 星际物质、星际云和星云

星体之间存在着极其广大的空间，称为星际空间。弥漫于星际空间的物质被称为星际物质。星际物质主要有两类，即星际气体和星际尘埃。星际气体包括气态的原子、分子、电子和离子，其中以氢为最多，氦次之，其他元素很少。星际尘埃是微小的固态质点，直径大约是 $10^{-6} \sim 10^{-5}$ 厘米，它们分散在星际气体中，总质量仅占星际物质的1/10左右，主要成分是水、氨和甲烷的冰状物，以及二氧化硅、硅酸铁、三氧化二铁等。

一般来说，星际物质是很稀薄的，其密度用每立方厘米中的质点数来表示，一般每立方厘米含有0.1个质点。但在一些星际空间，密度可以超过每立方厘米10个甚至1 000个。使用现代的观测技术（如射电和红外观测），人们能够发现这些区域，并且把它们称为星际云。

人们把星际空间呈云雾状外表，由星际气体和星际尘埃组成的天体称为星云。它实际上是星际物质的一种密集形式。同星际云相比较，星云是星际物质更加庞大和更加密集的形式。

(二) 天体系统

宇宙中的物质是运动的，运动的主要方式是天体按照一定的系统和规律，相互吸引和相互绕转，形成不同层次的天体系统。

1. 太阳系

以太阳为中心，地球和其他行星围绕太阳公转的天体系统称为太阳系。

2. 地月系

地球与它的天然卫星——月球一起构成了一个天体系统，称为地月系。在地月系中，地球是中心天体，月球围绕地球公转。

3. 银河系与河外星系

在晴朗无云的夜晚，人们可以观察到天空有一条如云的光带，称为银河。这条光带实际上是由大约2 500亿颗恒星和大量星际物质组成的，称为银河系。

从侧面看，银河系呈中间厚边缘薄的扁饼形，从正面看呈旋涡形。银河系的盘面直径约10万光年，中心部分称为银核，银核外侧称为银盘。太阳位于距银河系中心约2万~6万光年的其中一个旋臂上。

银河系以外，还有许许多多同银河系规模相当的庞大的天体系统，称为河外星系（简称星系）。

银河系

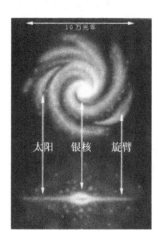
银河系结构图

4. 总星系

通常我们把现在观测所及的宇宙部分称为总星系，它是现在所知的最高一级的天体系统，大约有10亿个以上与银河系类似的星系，距地球大约200亿光年，这也只是无限宇宙的一个小小局部。随着科学技术的发展，人类对宇宙范围的认识也将不断扩大。

（三）星座

为了便于认识恒星，人们把天空中的恒星分成若干群落，每个群落的恒星都有自己独特的形状并占据一定的空间，这样的恒星群落称为星座。古代人把星座中一些较亮且邻近的星连成图形，结合神话中的人物或动物为其命名，这些名称一直沿用到现在。按照国际上的标准，全天空可分成88个星座。

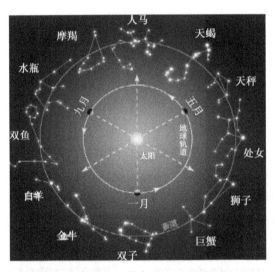

星座

黑洞

三、人类对宇宙的探索

（一）人类认识宇宙的历程

太阳每天东升西落，古人于是就有了对宇宙的朴素认识。人类正确认识宇宙以及地球在宇宙中的地位经历了漫长的过程，这一过程与历史上许多著名学者的辛勤劳动、细致观测和深入研究，是密不可分的。

1. 我国古代的宇宙观

远古时期，人们虽然还不能对宇宙进行系统的观测和研究，但却不乏富有启示意义的猜测和设想。我国古代先民的宇宙观主要有三种：盖天说、宣夜说和浑天说。

（1）盖天说。

盖天说出现于殷末周初。当时的人们凭着直觉，认为"天圆如张盖，地方如棋盘"，天圆则必有边，地方则必有角，于是就有了"天涯海角"的说法。后来经过不断完善，方形大地改为拱形大地，为以后球形大地的认识奠定了基础。盖天说不能解释日月星辰从何处升起，又从何处落下去这样的问题，于是产生了后来的浑天说。

（2）浑天说。

浑天说始于战国时期。浑天说主张大地是个球形，外面裹着一个球形的天穹，地球浮于天穹内的水上。汉代天文学家张衡和三国时一个叫徐整的人，都对天地的形成有过描述。古人很早就有了天地膨胀的思想。

（3）宣夜说。

宣夜说是古人通过对昼夜现象的观测而总结出来的一种宇宙观。宣夜说认为，天没有一定形状，没有颜色，不是实体，也没有尽头，日月星辰只不过是会发光的气，可自由地移动在虚无缥缈的空间，做着各种不同的运动。宣夜说最可贵的是摈弃了天有形的观念，认为宇宙是无限的。

2. 地心说的产生与影响

地心说最初由古希腊学者欧多克斯提出，后经亚里士多德、托勒密进一步发展而逐渐建立和完善起来。托勒密认为，人类居住的地球是静止不动的，处于宇宙的中心，天体围绕它运转。最接近地球的是月亮，其次是水星、金星、太阳、火星、木星、土星、恒星以及最高天，这就是所谓九重天的思想。地心说是人类探索宇宙认识史上的一次大的飞跃，对推动天文学的发展有着不可磨灭的历史功绩。到了中世纪，欧洲的宗教神学认为地心说符合教义，并以此作为上帝创造世界的理论支柱，将它抬高到神圣不可侵犯的高度，致使地心说在欧洲占据统治地位长达1 400年之久，严重束缚了科学思想的发展，阻碍了科学宇宙观的诞生。

3. 日心说的创立及发展

1543年，波兰天文学家哥白尼提出了日心说，他认为：太阳是宇宙的中心，地球和其他行星都围绕太阳旋转，按与太阳的距离由近及远依次为水星、金星、地球、火星、木星、土星。天穹的周日旋转是由于地球绕自转轴每天自转一周所造成的。太阳的周年视运动不是本身的运动，而是地球每年绕太阳公转一周造成的。其他行星的顺行、逆行等现象，可用地球和行星共同绕日运动来解释。

日心说从根本上否定了"地球是上帝安排在宇宙中心"的宗教神话，动摇了人们对教会的崇拜。天文学乃至整个自然科学开始摆脱宗教的束缚，从神学中解放出来，昭示了欧洲近代文明的开始，具有划时代意义。这也招致了当时宗教势力的反对和查禁，维护、传播、发展哥白尼的日心说的人受到了宗教裁判所的残酷迫害。

意大利思想家布鲁诺，不但宣传哥白尼学说，而且进一步认为太阳也不是宇宙的中心，它是千万个普通恒星之一。1592年，宗教裁判所逮捕了布鲁诺，进行了长达八年的残酷审讯，1600年2月17日将他活活烧死在罗马花园广场。稍后不久，德国天文学家开普勒以自己的发现做了一些补充和修正，进一步完善和发展了日心说。

意大利科学家伽利略是第一个用望远镜探索星空的人，他观测到木星有四颗卫星。1632年，伽利略用一系列确凿证据来证明哥白尼学说的正确性。因此，他被罗马教廷判处终身监禁，直到他去世300年后，罗马教皇才不得不为他的沉冤平反。

相传英国科学家牛顿在1665年受苹果落地的启发，发现了万有引力定律，并推导出开普勒行星运动三大定律，使哥白尼的日心体系建立在稳固的理论基础上，由此建立起科学太阳系的概念。

4. 人类观测宇宙的视野不断扩展

1781 年,德国科学家赫歇耳发现了太阳系第七颗行星天王星。1846 年 9 月 25 日,柏林天文学家伽勒找到了太阳系第八颗行星海王星。1930 年,年仅 23 岁的美国天文工作者汤博发现了曾长期被视为太阳系第九颗行星而后被降级为矮行星的冥王星。

经过赫歇耳及其后继者的不断努力,终于搞清楚了银河系的结构。随着观测手段的不断改进,被发现的河外星系越来越多。目前,射电望远镜可以接收距离地球 100 多亿光年的天体所发出的射电波,发射到太空中的哈勃望远镜和其他高性能观测仪器,则把人类的视野扩展到 100 多亿光年左右。

5. 宇宙大爆炸起源学说的建立

20 世纪初,杰出的德国科学家爱因斯坦创立了狭义相对论,随后又创立了广义相对论。与此同时,一些科学家又创立了量子力学。这就为我们人类重新认识宏观世界和微观世界提供了科学的理论基础。1917 年,爱因斯坦推算出:宇宙或者在膨胀,或者在收缩。

1929 年,美国天文学家哈勃发现的哈勃定律确认了宇宙正在膨胀。这一发现促使现代宇宙学家重新研究宇宙的起源和演化,进而导致大爆炸学说的诞生。根据推算,大约在 150 亿年前宇宙退缩成一点,并起源于此时此处的一次大爆炸,也就是说,宇宙无论在时间上还是在空间上都有一个开端,它遵循自然规律而演化,逐渐演化出今天所见到的大千世界。

(二) 宇宙资源的开发与环境保护

与宇宙相比,人类及其居住的地球都十分渺小。在宇宙中蕴藏着无穷无尽的奥秘,但人类绝不安于对宇宙的无知,而是用自己的智慧和努力不断探索宇宙的奥秘。

1. 航天技术与宇宙探测

自 20 世纪 50 年代以来,航天技术发展非常迅速,人们借助它进一步了解了宇宙环境。各种科学卫星和空间探测器上天后,发现了地球大气层外还有电磁层,宇宙中存在大量的 x 射线、γ 射线;探测了许多行星表面的物理特性和化学成分等,特别是哈勃太空望远镜的升空和投入使用,使人类的视野深入 100 多亿光年的宇宙深处,对地球的宇宙环境有了更全面、更深刻的了解。

航天技术的发展,影响和改变着人们的社会生活,具有巨大的经济效益和社会效益。人们利用卫星进行军事侦察、空间通信、气象观测,以及寻找资源、为飞机导航等,从中获得许多实际利益。应用卫星目前已成为一棵"摇钱树",发射应用卫星所获得的效益远远大于投入。

航天技术的应用促进了科学技术的发展。作为探测宇宙的一种新手段,航天技术是一种高科技，是多种科学技术的结晶，必然会带动多种科学技术的发展。半个世纪以来，由于航天活动的需要，极大地促进了喷气、电子、半导体、真空、低温、复合材料、遥感和计算机等技术的发展，研制出了许多空间用的新产品、新器件和新材料。人们将这些成果从空间搬回人间，并移植到国民经济的各个领域。

2. 宇宙资源的开发

（1）空间资源。首先，利用极其辽阔的宇宙空间，人造地球卫星可以从距离地球数万千米的高度观测地球，迅速、大量地收集有关地球的各种信息。其次，利用高真空、强辐射和失重等地面实验室难以模拟的物理条件，可以在卫星上进行各种实验，还可以利用航天站发展太空工业，更有效地生产人类所需的各种产品。

（2）太阳能资源。太阳能是地球最重要的资源，但是其绝大部分能源不能透过地球大气层到达地表。如何最大限度地利用太阳能，是摆在科学家面前的课题。目前，一些国家的科学家已开始着手研究建造太空发电站的方案。

（3）矿产资源。月岩中含有地壳里的全部元素和60多种矿藏，还富含地球上稀有的能源氦3，它是核聚变反应堆理想的燃料。此外，在火星和木星之间的轨道上运行着成千上万颗小行星，其中不少小行星富含多种极其珍贵的矿产。从人类目前掌握的航天技术及其发展趋势看，开发月球和小行星的矿产是在不久的将来完全可以实现的。

3. 宇宙环境的保护

目前，空间垃圾大约以每年10%的速度增加，而且体积越来越大。它的来源有：一是工作终止的航天器；二是爆炸的航天器碎片；三是航天员扔出飞船舱外的垃圾。这些空间垃圾可能会撞坏正在工作的航天器，还会对航天员的生命安全造成威胁。

在地球赤道上空约35 800千米的高度上，有一个以地球为中心的大圆圈，是太空中用处最大的区域，叫作静止轨道。凡是在静止轨道上飞行的人造卫星，与地球同步运行，称为静止卫星。静止卫星居高临下，用作通信和广播的中继站、气象和环境的监视站、给飞机和船舶引路的导航台以及监视地面发射导弹的瞭望台。因此，静止轨道成了太空中人造卫星最密集的区域。

为了保障静止轨道不受污染，保障静止卫星的安全，航天专家们提出了一些办法，如：适当选择运载火箭的发射轨道，使火箭用完后能在较短的时间内自然陨落；火箭在用完后仍具有一定的机动飞行能力，使其能远离静止轨道，使卫星远地点发动机或末级火箭发生故障时产生的粒子云不会停留在静止轨道上；卫星上的防尘罩、镜头防护罩等零星抛弃物应在卫星进入静止轨道位置之前全部抛掉；等等。目前，在跟踪和控制静止卫星的技术尚未完善的情况下，暂时不宜发射静止卫星簇。静止卫星在寿命结束之前应留有一定的燃料作为机动飞行之用，以便退出静止轨道。苏联和美国已分别从1979年和1981年开始执行"老"卫星退离的计划。

第二节 认识太阳系

一、太阳系的主要成员

除了中心天体太阳外，太阳系内还有围绕太阳旋转的八大行星及众多的小行星、卫星、彗星和陨星等。如果我们把太阳看作是一个棒球，那么大约9米远的一粒砂就代表地球，木星就像约46米远的一粒豌豆，冥王星则是大约370米远的另一粒砂，而最近的恒星则像是距离约3 900千米远的另一个棒球。

（一）行星

行星是围绕恒星运动的天体。太阳系中，距离太阳最近的是水星，向外依次是金星、地球、火星、木星、土星、天王星和海王星。水星、金星、火星与地球性质相近，体积小，密度大，统称为类地行星。木星、土星、天王星和海王星体积大、密度小，统称为类木行星。

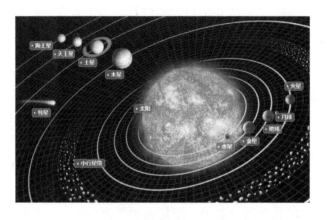

太阳系的组成

目前在火星和木星轨道之间，还漂浮着数十万颗小行星，有的直径达10千米。小行星带的总质量不到地球质量的千分之一。

现已观测到，土星、木星、天王星和海王星都有光环，土星光环最明亮。组成光环的物质各不相同，有的是硅酸盐或冰的尘粒，有的是大的岩石和卵石。光环的色彩则由构成行星光环的物质微粒的大小决定。

土星的光环

哈雷彗星

（二）卫星

围绕行星运行的天体是卫星。太阳系中已知的天然卫星总数至少有160颗，木星的天然卫星最多，其中63颗已得到确认，土星的卫星是第二多，已经被确认的有26颗。除水星和金星外，其他行星都有卫星绕其运转，目前只有地球拥有月球这样一颗很不相称的大卫星，月球的半径约达到地球的四分之一。

（三）彗星

太阳系内形态最为奇特的是彗星。其本体是彗核，由冰物质和尘埃组成，长度一般为几百米到几千米。它们沿着极扁的椭圆轨道绕太阳运行，随着与太阳距离的远近呈现不同的形态。宇宙中彗星的数量很多，但能观测到的仅有1 600颗。著名的哈雷彗星，其运行周期为76年。

狮子座流星雨（1833）

（四）流星与流星体

在行星际空间，还存在着大量的微尘和固体小块。当它们经过地球附近时，受地球引力的作用，进入地球大气层，并与大气摩擦燃烧，在夜空中显现为一条光迹，这种现象就叫流星。

造成流星现象的微粒称为流星体，是分布在星际空间的细小物体和尘粒，沿着椭圆轨道环绕太阳运行，大部分可见的流星体都和沙粒差不多。

在各种流星现象中，最美丽、最壮观的是流星雨现象，如每年11月份都发生的狮子座流星雨。中国在公元前687年就记录到天琴座流星雨，这是世界上最早的关于流星雨的记载。

（五）陨星

大部分流星体在进入大气层后都气化殆尽，只有少数燃烧未尽，其剩余固体物质便降落到地面，这就是陨星。根据陨星本身所含的化学成分的不同，大致可分为以下三种类型：

铁陨石，也叫陨铁，主要成分是铁和镍。最大的铁陨石是1920年发现的非洲戈巴陨铁，重约60吨。我国新疆大陨铁重约30吨，为世界第三大陨铁。

新疆大陨铁

吉林一号石陨石

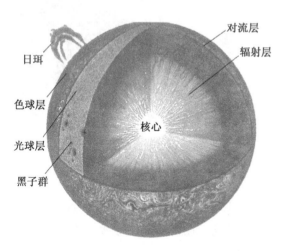

太阳内部结构示意图

石陨石，也叫陨石，主要成分是硅酸盐，这种陨石的数目最多。1976年3月8日上午，我国吉林市北郊下了一场罕见的陨石雨，共收到百余块陨石，最大的一号陨石重达1 770千克，是迄今为止所见到的最大的石陨石。

石铁陨石，也叫陨铁石，这类陨石较少，其中铁镍与硅酸盐大致各占一半。

陨石是人类能够得到的唯一的地球以外的宇宙固体物质，而且它们可能来自比月球遥远得多的宇宙深处。通过陨石，可以揭开宇宙演变的秘密，其价值非黄金可比。

二、太阳

太阳的直径大约相当于地球的109倍,体积大约是地球的130万倍,质量大约为地球的3.3万倍。从化学组成来看,太阳质量大约四分之三是氢,剩下的几乎都是氦,还包括微量的氧、碳、氖、铁和其他元素。太阳是一个巨大而炽热的气体球。其表面温度为5 770开尔文,中心温度大约为1 500万开尔文。太阳辐射能是维持地表温度,促进地球上的水、天气、生物活动和变化的主要动力,是我们日常生活和生产所用的能源。

我国太阳能分布

(一) 太阳结构与太阳活动

在太阳的大气层中,由内到外可分为光球、色球和日冕3层。太阳大气经常发生大规模运动,称为太阳活动。

1. 光球

光球层是太阳大气的最里层,厚度约500千米,几乎所有的可见光都是从这一层发射出来的。常常可以看到太阳表面有许多暗黑斑点,这就是太阳黑子,黑子其实并不黑,只是温度比周围区域低1 500℃左右。相比之下,"黑子"确实显得暗了一些。人们发现,太阳黑子由少变多,由多变少,有规律地变化着,这样一个周而复始的周期,平均需要11年。太阳黑子一般被认为是太阳活动强弱的标志。

2. 色球

色球层是太阳大气的中间层,厚度约2 000千米。太阳的温度分布从核心向外直到光球层,都是逐渐下降的,但到了色球层,却又反常上升,到色球层顶部时已达几万度。只有在发生日全食时,才能看到这一层。色球层上有时会发生耀斑,这时太阳表面局部区域会突然增亮,并释放出巨大的能量。耀斑的寿命很短,只有几分钟,最多也不过几小时,但它一次释放出的能量,却相当于地球上几万、几十万颗氢弹爆炸释放的能量。因此,耀斑爆发是太阳活动最激烈的标志。

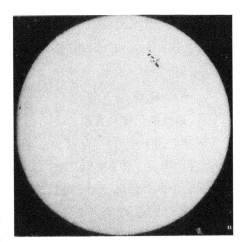

太阳黑子

3. 日冕

日冕层是太阳大气的最外层,亮度微弱,约相当于满月的亮度,因此只有在日全食时才能展现其光彩。日冕的温度高达百万度,其大小和形状与太阳活动有关,在太阳活动极大年时，日冕接近圆形；在太阳活动宁静年时，则呈椭圆形。

太阳边缘外面，有一个从色球层喷射出来的火舌，这种太阳活动现象叫日珥。构成日珥的主要物质是一些巨大的炽热气柱，它们从色球层升腾而起，直插日冕。日珥可达到几十万千米的高度，而且它的形状也是变化多样的，有的像浮云，有的像喷泉，还有的甚至像动物。

（二）太阳活动对地球的影响

太阳活动对地球上人类生活的影响很大。剧烈的太阳活动会扰乱地球大气层中的电离层，造成广播和无线电通信的中断。太阳大气抛出的高能带电粒子流会扰动地球磁场，使地球磁场产生"磁暴"现象。另据研究表明，太阳活动对地球上的气候也会造成一定的影响。所以，研究太阳活动的规律是非常重要的。

第三节　认识地球

一、地月系

我们居住的地球是太阳系自中心向外的第三颗行星，它到太阳的平均距离约为 1.496×10^8 千米。

（一）地球

1. 地球的形状和大小

地球赤道半径约 6 378 千米，极半径约 6 357 千米，周长约 40 076 千米，质量约 5.98×10^{24} 千克，体积约 1.08×10^{12} 立方千米，平均密度约 5.5×10^3 千克/立方千米。地球是一个两极稍扁、赤道略鼓的三轴椭球体。

2. 地球的运动

地球在围绕地轴自转的同时，还围绕太阳公转，随太阳系绕银河中心旋转，随银河系在宇宙中运动。可见，地球的运动是多种运动的叠加，其中最重要的是自转和公转。

（1）地球的自转。

地球自转时，地轴的北端始终指向北极星附近。自转的方向是自西向东；从北极上空看，呈逆时针方向旋转。我们看到日月星辰东升西落，就是地球自转的反映。

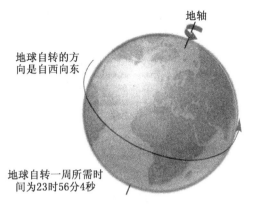

地球自转的方向和周期

地球自转产生了昼夜更替

地球自转产生了昼夜更替。这样一天的周期，地球表面增热、冷却不至于过分剧烈，使地球表面的温度不太高也不太低，保证了地球上生命有机体的生存和发展，正好适合人类生存。

由于地球自西向东自转，同纬度地区的不同地点见到的日出时刻就会有早晚，产生地方时。经度每隔15度，地方时相差约1小时。

地球自转的结果，导致了地球上水平运动的物体偏离其原来运动方向而发生偏向。在北半球运动的物体总是沿前进方向向右偏转，南半球则向左偏转。地转偏向力使大气运动、洋流、河流的运动方向也产生偏向，例如，北半球吹的北风，受地转偏向力的影响向右偏，变成东北风；北半球河流的右岸在地转偏向力的影响下，常因水流侵蚀加强而变陡，这种右偏侵蚀现象在高纬度地区表现尤为明显。

（2）地球的公转。

地球绕太阳的运动，叫作公转。公转的方向也是自西向东。地球公转的路线叫作公转轨道，是个近正圆的椭圆轨道，轨道长度9.4亿千米，太阳位于椭圆的两个焦点之一。每年1月3日，地球运行到离太阳最近的位置，称为近日点；7月4日，地球运行到离太阳最远的位置，称为远日点。公转一周所需的时间为一年，约365.25天。地球公转的平均速度约为30千米/秒，要比目前世界上最快的侦察飞机还快30倍，几乎是火车速度的1 000倍。

地球公转轨道所在的平面称为黄道平面，过地心并与地轴垂直的平面称为赤道平面，黄道平面和赤道平面的交角为23°26′。由于黄赤交角的存在，地球在公转轨道上的不同位置，地球表面接受太阳垂直照射的点的位置就发生变化，从而引起正午太阳高度的大小随纬度和季节做有规律的变化，同时引起同一个地方昼夜长短的周年变化。一年中，随着地球上各地昼夜长短和正午太阳高度随时间的变化，导致到达地面的太阳辐射能的多少也不同,造成地球表面在时间上的季节更替和空间上的五带划分。由于地球运动产生的种种现象,对地球上的生物有着重要的意义。

(二) 月球

自古以来,人们对月球就充满着钟情和向往,民间也有许多关于月亮的美丽传说,"嫦娥奔月"就是凭借对月亮的幻景来表达人们追求爱情的神话故事。

1. 概况

月球距离地球约 3.84×10^5 千米,体积只有地球的1/49,质量相当于地球的1/81,月球表面的重力差不多是地球重力的1/6。

月球本身并不发光,只反射太阳光。月球亮度随日、月间角距离和地、月间距离的改变而变化。满月时的亮度比上、下弦月时要大10多倍。

2. 月球上的土壤和岩石

因为月球围绕地球旋转一周的时间正好与月球自转一周的时间相同,因此,人们在地球上总是只能看到月球的同一个面,对月球背面的地貌形态还知之甚少。

2018年12月8日,我国嫦娥四号月球探测器的成功发射,是人类首次实现对月球背面的观察研究。

月球表面起伏很大,和地球一样,也有海、陆、湖、湾之分,只是这里的海、湖和湾中并没有水,仅仅是借用了地球上地貌的名称。在月球正面有一些暗色的区域,称为月海,现已发现的月海有20多个,约占月球正面的一半。实际上月海是辽阔的平原,里面一点水也没有。月海的海面比月球的平均水准面要低得多,最低可达6 000多米。在月海中,伸向月陆的部分称为湾,小的月海称为湖。月球表面高出月海的地区是月陆,月陆一般要高出月海2 000~3 000米。

月球表面到处都覆盖着厚层的岩屑和玻璃质物质,这些被称为月壤,它们是细至尘埃、大到砂,甚至大砾石的物质,以及一定比例的球粒陨石。月海中的月壤,厚度一般为2~10米;月陆中的月壤,厚度稍大些,可以达到20米。月壤中岩屑的来源主要是因撞击而破碎的月岩和陨石,它们是构成月壤的主要成分。月岩由于热胀冷缩的长期作用,自身发生崩解,月球上火山爆发的火山灰和岩石碎屑也是月壤的来源之一。

我国探月工程大事记

二、地球上存在生命物质的条件

地球是太阳系中的一颗普通行星。在太阳系的八大行星中,地球的质量、体积、平均密度以及公转、自转运动都有自己的特点,并不特殊。然而,地球贵在是一颗适于生物生存和繁衍的行星。虽然我们相信宇宙间还会有能够繁殖生命的星球，但是至今，我们还没有发现它们。为什么地球上会出现生物呢？这与地球所处的宇宙环境以及地球本身的条件有着密切的关系。

从太阳系诞生至今经历了漫长的阶段。在这个阶段里，地球所处的光照条件一直比较稳定。地球附近的行星际空间，大、小行星绕日公转方向一致，而且绕日公转轨道面几乎在一个平面上。大、小行星各行其道，互不干扰，也使得地球处于一种比较安全的宇宙环境之中。这些都为生命物质的演化发展提供了较好的宇宙环境。

在太阳系中，水星、金星、火星的组成和密度虽然和地球类似，但因为它们距离太阳太近或太远，表面温度和地球相差悬殊。像金星表面温度高达465℃~485℃；而火星表面温度又较低，大约在-140℃~20℃之间。只有地球与太阳的距离适中，使地球表面的平均气温为15℃，能够使液态水大范围存在，有利于生命过程的发生和发展。

地球具有合适的大小，使得其引力适中，可以使大量气体聚集在地球周围，形成包围地球的大气层。但是地球初始时期的原始大气缺少氧，主要由二氧化碳、一氧化碳、甲烷和氨组成。经过漫长的大气演化过程，逐渐形成了以氮和氧为主的适合生物呼吸的大气。

地球内部放射性元素衰变致热和原始地球重力收缩，使地球内部温度升高，结晶水汽化。地球内部的物质运动，例如，火山爆发，加速了水汽从地球内部逸出的过程。随着地表温度的逐渐下降，水汽经过凝结、降雨，落到地面低洼处，形成原始的大洋。地球上最初的单细胞生命就出现在大洋中。

为了证明生命起源，人们不断通过实验和推测等研究方法，提出各种假设来解释生命诞生。1953年，美国青年学者米勒在实验室里用充有甲烷、氨气、氢气和水的密闭装置，以放电、加热来模拟原始地球的环境条件，合成了一些氨基酸、有机酸和尿素等物质，轰动了科学界。这个实验的结果表明，早期地球完全有能力孕育生命体，原始生命物质可以在没有生命的自然条件下产生出来。

三、人类探索地外文明

1. 探索地外文明的意义

科学家在过去50年一直致力于搜寻外星人。古往今来，人类对地球之外的智慧生物和文明世界，一直在努力地思考和探索。如今，探索地外文明不仅已成为天文学、生物学、空间科学和众多的技术领域的交汇点，而且对人类创造更美好的未来也具有不可低估的潜在意义。

探讨地外文明也是自然科学与社会科学较为明显地相互渗透的一个领域。未来社会问题、人口问题、能源问题、战争与和平问题，特别是核战争问题等，都成了探讨地外文明问题时必须考究的因素；反之，对于地外文明的社会学和文化学分析，又会或多或少地渗透到预测人类未来的争论中去。

探索地外文明，有助于人类更深刻地认识自己在宇宙中的地位。坚持不懈地搜索地外文明将为人类提供一种历史连续感。这种连续感有助于人类赢得更美好的未来，人类应该考虑得更加深远，应该学会更有效、更科学地研究和计划数十年甚至上百年以后的事情。搜寻地外文明乃至设法与之"对话"，则很可能成为这类长远计划的一种榜样。

当今人们在探索地外文明的过程中所表现出来的能动性，再次体现了现代的科学精神与古代的思辨、中世纪的宗教意识以及近世早期的先验哲学的根本差异，而以理性指导的探索实践，则是最终解开地外文明之谜的必由之路。

2. 探索地外文明的方法

从最初的《星际迷航》到《飞向太空》，再到最经典的《E.T. 外星人》等影片，人类对宇宙空间的探索一直没有停止过，人们一直想要在外太空找到一丝生命的迹象，希望与之交流沟通，互惠互利。

（1）接收并分析来自太空的各种可能的电波。

这方面的工作从1960年就开始了。德拉克等人利用美国国家射电天文台的射电望远镜，首次实施地外文明探索计划，目的是通过无线电波搜寻邻近太阳系的生物标志信号。

与此同时，美国国家航天局开始支援一项庞大的"搜索地外智慧生命的计划"，可接收800万个频道，其中有400万个频道为32赫兹，做全天搜索。另外400万个频道仅1赫兹，对准距地球80光年以内的800颗太阳型恒星，计划已开始执行。

近年来，世界不少天文工作者，致力于寻找太阳系外的行星，到目前为止，已发现了几颗太阳系外行星，都处于距地球几十光年，但体积都比木星大。按现在的理论认为，大于地球10倍以上的行星，不可能形成固体壳，这些行星有生物的可能性几乎为零。

（2）人类主动向外太空发出表明人类在太阳系内存在的信号。

1974年11月16日，美国利用设在波多黎各的阿雷西博305米直径的射电望远镜，发出人类第一组信号，对准武仙座球状星团发射了3分钟。

（3）发射探测器去登门拜访外星人。

美国发射的"先驱者"10号和11号，"旅行者"1号和2号，都在完成对太阳系内的其他星体的探测任务后，带着许多人类的信息漫游在恒星际空间。如果巧遇人类的知音，他们将从探测器中了解人类的活动，确定进一步交往的可能。

搜寻地外文明是一项严肃的科学研究，我们什么时候才能得到答案？或许是明天，或许是 1 万年后。既然地球上的生命能够从无生命的物质中产生出来，那么在宇宙中的其他地方也有可能发生类似的故事。

查阅相关资料，了解有关"外星人"的内容，谈谈你对"外星人"的看法以及人类寻找地外文明是否必要。

一、判断题

（一）宇宙中最基本的天体是恒星与行星。　　　　　　　　　　　（　　）

（二）太阳系中小行星带位于木星轨道和土星轨道之间。　　　　（　　）

（三）地球的特殊性主要是指地球的运动特征和结构特征与其他行星不同。

（　　）

二、名词解释

（一）宇宙：

（二）天体系统：

（三）太阳辐射：

三、思考题

（一）太阳活动会对地球带来哪些主要影响？

（二）说说地球上存在生命的原因和条件是什么？

四、拓展题

说说月相的来源，观测并总结月相变化的规律。

参考答案

第二章　为什么近年来地震频发？

——地质部分

> **导语**
>
> 　　2008年5月12日14时28分04秒，四川汶川、北川发生里氏8.0级地震，此次地震的破坏性很强、波及范围很广、伤亡人数很多，被称为"汶川大地震"。
>
> 　　地震是最具毁灭性的地质灾害之一。1755年11月1日葡萄牙里斯本发生地震，6分钟之内全城倾覆。1906年4月18日美国加利福尼亚发生地震，使旧金山市遭受灭顶之灾。1960年5月21日至25日智利地震，使智利的地形地貌几乎完全改观，海面上出现4.5米高的巨浪，并远达美国、新西兰、菲律宾、日本等地。1976年7月28日我国唐山发生大地震，造成了极大的人员和财产损失。
>
> 　　地震为什么会发生？能否像预报天气那样进行准确的震前预报呢？
>
>
>
> 1976年7月28日河北唐山大地震

一、教学目标
（一）知识目标：了解地震的有关概念（震源、震中、震级、烈度等）。
（二）能力目标：掌握世界地震带的分布。
（三）素质目标：学习可以采取哪些措施，减少地震造成的影响。

二、教学重点
地球内部结构的组成及特点。

三、教学难点
通过了解和比较地球运动的有关学说，学会解释世界海陆分布及我国主要地震带的分布。

第一节 地　震

一、地震的发生

1. 地震的形成

地球自形成以来，它的内部就在不断演化和运动，这种运动变化会使地壳各部分岩层发生变形。随着地球内部的不断变化、演化和运动，地应力也就慢慢地在某些地区集中起来，同时使岩层的变形越来越厉害。一旦这种地应力超过了岩层所能承受的限度，就会突然发生破裂或断裂错动，这时岩层积累起来的能量会迅速释放出来，并且以弹性波的形式向四周传播出去，这就是地震波。等地震波传到地面的时候，地面振动起来，这就是地震。地震在古代又称为地动，它就像刮风、下雨、闪电一样，是地球上经常发生的一种自然现象。大地震动是地震最直观、最普遍的表现。在海底或滨海地区发生的强烈地震，能引起巨大的波浪，称为海啸。

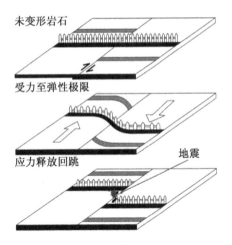

地震形成的原理示意图

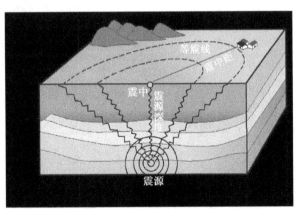

震源、震中、震中距示意图

地震是极其频繁的，全球每年发生地震约 500 万次。也就是说，每天要发生上万次地震。不过，它们之中绝大多数太小或离我们太远，人们感觉不到。真正能对人类造成严重危害的地震，全世界每年大约有一二十次；能造成唐山、汶川这样特别严重灾害的地震，每年大约有一两次。

2. 震源、震中、震中距

地球内部直接产生破裂的地方称为震源，它是一个区域，但研究地震时常把它看成一个点。地面上正对着震源的那个点称为震中，它实际上也是一个区域。

从震中到地面上任何一点的距离叫作震中距。同一个地震在不同的距离上观察，远近不同，叫法也不一样。对于观察点而言，震中距大于 1 000 千米的地震称为远震，震中距在 100～1 000 千米的称为近震，震中距在 100 千米以内的称为地方震。例如，汶川地震对于 300 多千米处的重庆而言为近震，而对于千里之外的北京而言，则为远震。

从震源到地面的距离叫作震源深度。震源深度在 60 千米以内的地震为浅源地震，震源深度超过 300 千米的地震为深源地震，震源深度为 60～300 千米的地震为中源地震。浅源地震的发震频率高，占地震总数的 72.5%，所释放的地震能占总释放能量的 85%。其中，震源深度在 30 千米以内的占多数，是地震灾害的主要制造者，对人类影响最大。我国绝大多数地震为浅源地震。震源深度最深的地震是 1963 年发生在印度尼西亚伊里安查亚省北部海域的 5.8 级地震，震源深度为 786 千米。

3. 震级

当某地发生一个较大的地震时，在一段时间内，往往会发生一系列的地震，其中最大的一个地震叫作主震，主震之前发生的地震叫前震，主震之后发生的地震叫余震。

震级是衡量地震本身大小的一把"尺子"，它与震源释放出来的弹性波能量有关。震级一般分为九级。地震按震级大小的划分大致如下：

弱震　震级小于 3 级。如果震源不是很浅，这种地震一般不易被觉察。

有感地震　震级大于或等于 3 级、小于或等于 4.5 级。这种地震人们能够感觉到，但一般不会造成破坏。

中强震　震级大于 4.5 级、小于 6 级，属于可造成损坏或破坏的地震，但破坏轻重还与震源深度、震中距等多种因素有关。

强震　震级大于或等于 6 级，是能造成严重破坏的地震。其中震级大于或等于 8 级的又称为巨大地震。

震级越高，表明震源释放的能量越大；震级每相差 1 级，地震释放的能量相差约 30 倍。比如说，一个 7 级地震相当于 30 个 6 级地震，或相当于 900 个 5 级地震。

4. 烈度

同样大小的地震，造成的破坏不一定相同；同一次地震，在不同的地方造成的破坏也不一样。地震烈度是衡量地震影响和破坏程度的"尺子"，简称烈度。

我国将地震烈度分为 12 度。不同烈度的地震，其影响和破坏大体如下：

小于 3 度的地震人感觉不到，只有仪器才能记录到；3 度的地震在夜深人静时人能感觉到；4～5 度的地震会使睡觉的人惊醒，吊灯摇晃；6 度的地震会使器皿倾倒，房屋轻微损坏；7～8 度的地震会使房屋受到破坏，地面出现裂缝；9～10 度的地震会使房屋倒塌，地面破坏严重；11～12 度的地震会造成毁灭性的破坏。

烈度与震级不同，烈度与震级、震源深度、震中距以及震区的土质条件等有关。震级反映地震本身的大小，只与地震释放的能量多少有关；而烈度反映的是地震的后果，一次地震后不同地点烈度不同。打个比方，震级好比一盏灯泡的瓦数，烈度好比某一点受光亮照射的程度，它不仅与灯泡的功率有关，而且与距离的远近有关。因此，一次地震只有一个震级，而烈度则各地不同。

震源深度对地震的破坏程度影响也很大。同样强度的地震，震源越浅，造成的破坏越重。据统计，当震源深度从 20 千米减小到 10 千米，或从 10 千米减小到 5 千米时，震中烈度均可提高 1 度。这常常是有些地震震级并不太高，但破坏较严重的原因之一。

烈度

5. 地震灾害

一次强烈的地震会造成种种灾害，一般分为直接灾害和次生灾害。

直接灾害是指地震发生时直接造成的灾害损失。强烈地震产生的巨大震波，造成房屋、桥梁、水坝等各种建筑物崩塌，人畜伤亡、财产损失、生产中断，这种损失在大城市、大矿区等人口集中、建筑物密集的地区尤为突出。1976 年唐山的 7.8 级地震，极震区的大部分房屋化为废墟，人员伤亡惨重，死亡 24 万人，直接经济损失达 100 多亿元。大震时，还会发生地面隆起或塌陷，山崩、地裂、滑坡等，造成严重的人员和财产损失。

次生灾害则指大震时造成的河水倾溢、水坝崩塌等引起的水灾，易燃、易爆物、剧毒品等设备受损引起的燃、爆、污染以及细菌传播、水源污染、瘟疫等间接损失。1923 年日本关东 7.9 级大地震，仅东京就有 136 处起火，熊熊烈焰使 44 万幢房屋化为灰烬，这次地震死亡人数达 14.3 万人，其中 90% 以上是被烧死的。强烈地震还会造成社会秩序的混乱，给国家和人民带来巨大的损失，影响国计民生。

地震的紧急避险

二、地震的类型

构造地震 由于地壳运动引起地壳岩层断裂错动而发生的地壳震动，称为构造地震。世界上 90% 以上和最大的地震都属于构造地震。构造地震的特点是活动频繁，延续时间较长，影响范围最广，破坏性最大。

火山地震 由于火山活动时岩浆喷发冲击或热力作用而引起的地震，称为火山地震。火山地震数量较小，约占地震总数的 7%。地震和火山往往存在关联，火山爆发可能会激发地震，而发生在火山附近的地震也可能引起火山爆发。我国很少发生火山地震，火山地震主要分布在南美洲和日本等地。

陷落地震 由于地下水溶解可溶性岩石（如石灰岩），或由于地下采矿形成了巨大空洞，造成地层崩塌陷落而引发的地震，称为陷落地震。这类地震约占地震总数的 3%，震级也都比较小。

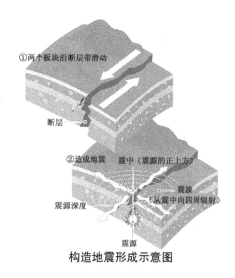

构造地震形成示意图

诱发地震 在特定的地区因某种地壳外界因素诱发而引起的地震，称为诱发地震。这些外界因素可以是地下核爆炸、陨石坠落、油井灌水等，其中最常见的是水库地震。水库蓄水后改变了地面的应力状态，且库水渗透到已有的断层中，起到润滑和腐蚀作用，促使断层产生滑动。但是，并非所有的水库蓄水后都会发生水库地震，只有当库区存在活动断裂、岩性刚硬等情况时，才有诱发地震的可能性。

地震除了发生在陆地上外，也可发生在海洋里，伴随着海浪高达十几米的海啸。海震常使海底地形发生改变，使铺设好的海底电缆发生折断和移动。

世界火山和地震带分布示意图

三、地震的分布

地震在大尺度和长时间范围内的发生是比较均匀的，但在局部和短期范围内有差异，表现在时间和地理分布上都有一定的规律性。这些都与地壳运动产生的能量积累和释放过程有关。通过对历史上的地震和现今大量地震资料的统计，可以发现，地震活动在时间上的分布是不均匀的：一段时间发生地震较多，震级较大，称为地震活跃期；另一段时间发生地震较少，震级较小，称为地震活动平静期，表现出地震活动的周期性。每个活跃期均可能发生多次 7 级以上地震，甚至 8 级左右的巨大地震。地震活动周期可分为几百年的长周期和几十年的短周期，不同地震带活动周期也不尽相同。

地震带是地震集中分布的地带，在地震带内地震密集频繁，在地震带外地震分布零散。世界上主要有三大地震带：

环太平洋地震带　分布在太平洋周围，包括南北美洲太平洋沿岸和从阿留申群岛、堪察加半岛、日本列岛南下至我国台湾地区，再经菲律宾群岛转向东南，直到新西兰。这里是全球分布最广、地震最多的地震带，所释放的能量约占全球的 3/4。

欧亚地震带　从地中海向东，一支经中亚至喜马拉雅山，然后向南经我国横断山脉，过缅甸，呈弧形转向东，至印度尼西亚。另一支从中亚向东北延伸，至堪察加半岛，分布比较零散。

海岭地震带　分布在太平洋、大西洋、印度洋中的海岭地区（海底山脉）。

四、地震的预报

地震预报是针对破坏性地震而言的，是在破坏性地震发生前做出预报，使人们可以防备。

地震预报要指出地震发生的时间、地点、震级，这就是地震预报的三要素。完整的地震预报这三个要素缺一不可。

地震预报按时间尺度可做如下划分：

长期预报　是指对未来 10 年内可能发生破坏性地震的地域的预报。

中期预报　是指对未来一二年内可能发生破坏性地震的地域和强度的预报。

短期预报　是指对 3 个月内将要发生地震的时间、地点、震级的预报。

临震预报　是指对 10 日内将要发生地震的时间、地点、震级的预报。

地震预报是世界公认的科学难题，在国内外都处于探索阶段，大约从 20 世纪五六十年代才开始进行研究。我国地震预报的全面研究起步于 1966 年河北邢台地震，经过 40 多年的努力，取得了一定进展，曾经不同程度地预报过一些破坏性地震。

实践表明，目前所观测到的各种可能与地震有关的现象，都呈现出极大的不确定性，所做出的预报，特别是短期、临震预报，主要是经验性的。

当前我国地震预报的水平和现状是：对地震前兆现象有所了解，但远远没有达到规律性的认识；在一定条件下能够对某些类型的地震，做出一定程度的预报；对中长期预报有一定的认识，但短期、临震预报成功率还很低。

第二节　地球内部结构

地震给人类带来了巨大的危害，但到目前为止，人类还无法准确预测地震的发生。那么，为什么会发生地震呢？这要从地球的内部结构说起。

人类虽然可以借助探测器遨游太阳系外层空间，但对地球的内部结构却知之甚少。尽管人们渴望"向地球的心脏进军"，彻底搞清楚地球的内部状况，但目前世界上最深的钻探深度也不过12千米，所以还不能用直接观察的方法来研究地球内部。

一、地震波与不连续面

1. 地震波

发生地震时，在地球内部出现的弹性波称为地震波。地震波分为纵波（P波）和横波（S波）。来自地下的纵波引起地面上下颠簸振动，横波能引起地面的水平晃动。横波是地震时造成建筑物破坏的主要原因。纵波（P波）可以通过固体和流体，速度较快；横波（S波）只能通过固体，速度较慢。因此，地震波实际上对地球起到"透视"的作用，科学家们就是通过对地震波的分析研究才获得了关于地球内部结构的信息。

根据地球内部地震波传播曲线分析，地震波的传播速度随着深度的增加而发生变化，并且有些地方还会发生突然变化，可见地球内部的物质不仅不是均匀的，而且还存在许多界面。地质学家和地球物理学家们通过不懈的努力，不仅揭示了地球内部的分层情况，还成功地重建了地壳的演变历史。

2. 不连续面

根据纵波（P波）和横波（S波）的波速随深度变化的情况，可将地球内部划分为若干部分（如下图）。

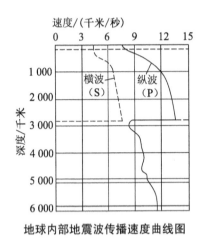 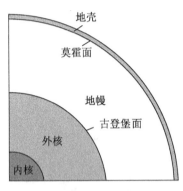

地球内部地震波传播速度曲线图　　　　地球内部结构示意图

地震波在地下若干深度处，传播速度发生急剧变化的面，称为不连续面。其中有两个变化最显著的不连续面，叫一级不连续面。根据地震波的传播数据，可以制成地球内部地震波传播速度曲线图。从上图中可以看出两个一级不连续面：一个在地下（自海平面起）平均33千米处（指大陆部分），在此不连续面以上，纵波（P波）速度为7.6千米/秒，以下则急增为8.0千米/秒，而横波（S波）则由4.2千米/秒增到4.4千米/秒，这个一级不连续面称为莫霍洛维奇不连续面，简称莫霍面或莫氏面。莫霍面是1909年南斯拉夫地震学家莫霍洛维奇首先发现的。另一个在2 900千米深处，在这里纵波（P波）速度由13.32千米/秒突然降为8.1千米/秒，而横波（S波）至此则完全消失，这个面称为古登堡不连续面，古登堡面是地震学家古登堡于1914年首先发现的。人们根据这两个不连续面把地球分为地壳、地幔和地核三个圈层。地核又分为内核和外核两部分。

二、地球内部圈层

1. 地壳

地壳是地球表面以下、莫霍面以上的固体外壳，主要由硅酸盐类岩石组成，质量约为5×10^{19}吨，约占地球质量的0.8%，体积占整个地球体积的0.5%。地壳中含有元素周期表中所列的绝大部分元素，它们多以化合物的形态存在。氧、硅、铝、铁、钙、钠、钾、镁8种元素的质量占地壳总质量的98.04%，其中氧几乎占50%，硅占25%，硅酸盐类矿物在地壳中分布最广。

实践表明，目前所观测到的各种可能与地震有关的现象，都呈现出极大的不确定性，所做出的预报，特别是短期、临震预报，主要是经验性的。

当前我国地震预报的水平和现状是：对地震前兆现象有所了解，但远远没有达到规律性的认识；在一定条件下能够对某些类型的地震，做出一定程度的预报；对中长期预报有一定的认识，但短期、临震预报成功率还很低。

第二节 地球内部结构

地震给人类带来了巨大的危害，但到目前为止，人类还无法准确预测地震的发生。那么，为什么会发生地震呢？这要从地球的内部结构说起。

人类虽然可以借助探测器遨游太阳系外层空间，但对地球的内部结构却知之甚少。尽管人们渴望"向地球的心脏进军"，彻底搞清楚地球的内部状况，但目前世界上最深的钻探深度也不过12千米，所以还不能用直接观察的方法来研究地球内部。

一、地震波与不连续面

1. 地震波

发生地震时，在地球内部出现的弹性波称为地震波。地震波分为纵波（P波）和横波（S波）。来自地下的纵波引起地面上下颠簸振动，横波能引起地面的水平晃动。横波是地震时造成建筑物破坏的主要原因。纵波（P波）可以通过固体和流体，速度较快；横波（S波）只能通过固体，速度较慢。因此，地震波实际上对地球起到"透视"的作用，科学家们就是通过对地震波的分析研究才获得了关于地球内部结构的信息。

根据地球内部地震波传播曲线分析，地震波的传播速度随着深度的增加而发生变化，并且有些地方还会发生突然变化，可见地球内部的物质不仅不是均匀的，而且还存在许多界面。地质学家和地球物理学家们通过不懈的努力，不仅揭示了地球内部的分层情况，还成功地重建了地壳的演变历史。

2. 不连续面

根据纵波（P波）和横波（S波）的波速随深度变化的情况，可将地球内部划分为若干部分（如下图）。

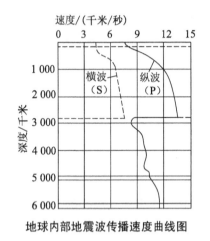
地球内部地震波传播速度曲线图

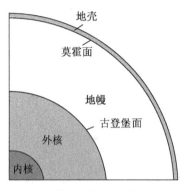
地球内部结构示意图

地震波在地下若干深度处，传播速度发生急剧变化的面，称为不连续面。其中有两个变化最显著的不连续面，叫一级不连续面。根据地震波的传播数据，可以制成地球内部地震波传播速度曲线图。从上图中可以看出两个一级不连续面：一个在地下（自海平面起）平均33千米处（指大陆部分），在此不连续面以上，纵波（P波）速度为7.6千米/秒，以下则急增为8.0千米/秒，而横波（S波）则由4.2千米/秒增到4.4千米/秒，这个一级不连续面称为莫霍洛维奇不连续面，简称莫霍面或莫氏面。莫霍面是1909年南斯拉夫地震学家莫霍洛维奇首先发现的。另一个在2 900千米深处，在这里纵波（P波）速度由13.32千米/秒突然降为8.1千米/秒，而横波（S波）至此则完全消失，这个面称为古登堡不连续面，古登堡面是地震学家古登堡于1914年首先发现的。人们根据这两个不连续面把地球分为地壳、地幔和地核三个圈层。地核又分为内核和外核两部分。

二、地球内部圈层

1. 地壳

地壳是地球表面以下、莫霍面以上的固体外壳，主要由硅酸盐类岩石组成，质量约为5×10^{19}吨，约占地球质量的0.8%，体积占整个地球体积的0.5%。地壳中含有元素周期表中所列的绝大部分元素，它们多以化合物的形态存在。氧、硅、铝、铁、钙、钠、钾、镁8种元素的质量占地壳总质量的98.04%，其中氧几乎占50%，硅占25%，硅酸盐类矿物在地壳中分布最广。

如果用鸡蛋做比喻，地壳的厚度相当于鸡蛋壳。与鸡蛋壳不一样的是，地壳是厚薄不均匀的，大陆下的地壳平均厚度约35千米，如我国青藏高原的地壳厚度达65千米以上，海洋下的地壳厚度仅约5～10千米，最薄处仅3千米，而且很脆弱。整个地壳的平均厚度约17千米。

地壳通常可以被进一步划分为两层，上层为硅铝层，主要成分是硅和铝，与大陆块有关，代表性岩石是花岗岩；下层为硅镁层，主要成分是硅与铁镁矿物，与大洋底有关，代表性岩石是玄武岩。

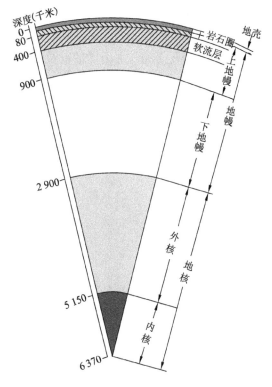

地球内部圈层结构

理论上认为，地壳内的温度和压力随深度增加，每深入100米温度升高1℃。近年的钻探结果表明，在深达3千米以上时，每深入100米温度升高2.5℃，到11千米深处温度已达200℃。

目前所知的地壳岩石的年龄绝大多数小于20亿年，即使是最古老的石头，丹麦格陵兰的岩石也只有39亿年。而天文学家考证地球大约已有46亿年的历史，这说明地壳岩石并非地球的原始壳层，是后来由地球内部的物质通过火山活动和造山活动构成的。

地壳的厚度

2. 地幔

地幔指莫霍面以下到古登堡面以上的圈层，深度为从地壳底界到2 900千米。压力随深度而增加，温度也随深度缓慢增加，物质组成为镁铁的硅酸盐矿物。

目前，一般以900千米为界，把地幔分为上地幔和下地幔。上地幔顶部存在一个软流层，软流层以上的地幔是岩石圈的组成部分。下地幔温度、压力和密度均增大，物质呈可塑性固态。

岩石圈下部的软流层是一个基本上呈全球性分布的圈层，深度在80～400千米之间。软流层的分布具有明显的区域性差异，总的规律是大洋之下位置较高（一般在60千米以下），大陆之下位置较深（深度在120千米以下）。软流层与岩石圈之间无明显界面，具有逐渐过渡的特点。软流层实际上并不软，根据计算和模拟实验，软流层中只有大约0.5%的局部地区发生了熔化。与坚硬的岩石圈相比，软流层带有一点塑性和流动性。软流层的温度大约为700℃～1 600℃，这里可能是岩浆的主要发源地，同时地壳运动、岩浆活动、火山活动以及热对流等皆可能与此层有关。

3. 地核

地核是地球的核心部分，位于地面以下2 900千米处直到地心部分，主要由铁、镍元素组成，温度高达4 000℃～6 000℃。

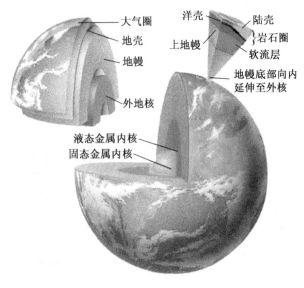

地核

如上图所示，地核由内核和外核组成，据推测外核是由铁、镍、硅等物质构成的熔融态或近于液态的物质组成。内核主要成分是以铁、镍为主的重金属，所以又称铁镍核。地核到底是怎样形成的呢？它与地球的其他分层还有什么必然的联系呢？这些问题有待于科学家们做进一步研究，谜底将在21世纪揭开。

第三节 关于地球运动的理论研究

一、大陆漂移说

1912年德国气象学家阿尔弗雷德·魏格纳正式提出了"大陆漂移说",并在1915年发表的《海陆的起源》一书中做了论证。他认为,距今2亿多年前,全球所有大陆都相互连接,组成了统一的联合古陆。当时还不存在大西洋和印度洋,只有一个围绕联合古陆的泛大洋(太平洋的前身)。后来,联合古陆破裂,连接的大陆各自漂移而分开,经过漫长的岁月,终于形成了今天的大陆位置。魏格纳提出的"大陆漂移说"能够解答迄今为止包括古生物、古气候、地质构造、地形等广阔领域里为数众多的疑问。

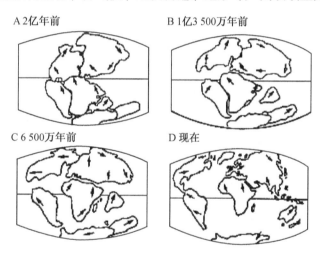

大陆漂移示意图

二、海底扩张说

从20世纪50年代开始,在第二次世界大战中开发的新技术被广泛应用于海洋观测,比如采用声呐装置观测海底地形,利用海洋磁场仪探测海底磁场异常情况等。通过这些探测,科学家们终于搞清了全球海底被称为"海岭"的巨大海底山脉是彼此相连的。

随着海底科学研究的发展，人们利用放射性同位素测定海底岩石的年龄，发现海底岩石的年龄很轻，一般不超过2亿年，相当于中生代侏罗纪。离海岭愈近，岩石年龄愈轻；离海岭愈远，岩石年龄愈老，而且在海岭两侧呈对称分布。20世纪60年代，由美国科学家赫斯和迪茨分别提出了海底扩张说，他们认为海岭是新的大洋地壳诞生处。

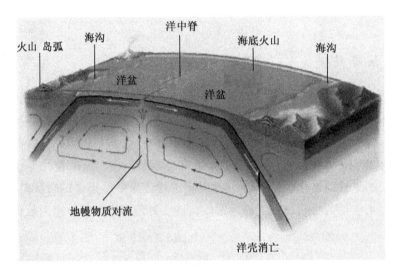

海底扩张与海底地形

地幔物质从海岭顶部的巨大开裂处涌出，凝固后形成新的大洋地壳。继续上升的岩浆又把原先形成的大洋地壳以每年几厘米的速度推向两边，使海底不断更新和扩张。当扩张着的大洋地壳遇到大陆地壳时，便俯冲到大陆地壳之下的地幔中，逐渐熔化而消亡。这样，大洋洋壳边缘就出现了很深的海沟，在强大的挤压力作用下，海沟向大陆一侧发生顶翘，形成岛弧，使岛弧和海沟形影相随。这一过程实际上是洋壳"新陈代谢"的过程，其所历时间大约2亿年，这也是海底岩石年龄的下限。海底扩张说的诞生，可以解释一些大陆漂移说无法解释的问题。

三、板块构造学说

1965年，科学家运用计算机使地球各个大陆以现有的形状恰好拼合在一起。同时，海地地形、地震位置、火山等活跃部位都连接成为带状，于是"板块构造学说"应运而生。1968年，剑桥大学的麦肯齐和派克，普林斯顿大学的摩根和拉蒙特观测所的勒皮雄等人联合提出了板块构造学说，它是海底扩张学说的具体引申。

板块构造，又叫全球大地构造，板块指岩石圈板块。板块构造学说认为，岩石圈的构造单元是板块，板块的边界是洋中脊、转换断层、俯冲带和地缝合线。由于地球表面积是有限的，地球板块分为三种状态：其一为彼此接近的汇聚型板块边界；其二为彼此远离的分离型板块边界；其三为彼此交错的转换型板块边界。全球被划分为亚欧板块、太平洋板块、美洲板块、非洲板块、印度洋板块和南极板块 6 大板块，其间还有一些小板块，如可可板块、智利板块等。板块构造理论强调板块的大规模水平运动，板块可以产生、生长、消亡，而且这种变化可以定量预测。

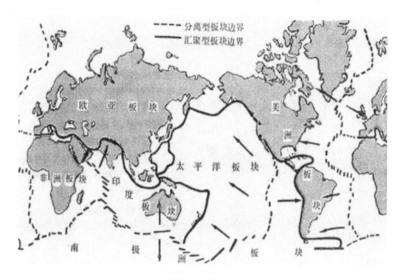

全球板块构造示意图

由于地幔的对流，板块在洋中脊分离、扩大，在俯冲带和地缝合线处下冲、消失。板块本身是不会变形的，地球表面活动便都在这三种状态下集中发生，比如海岭就是在分离型板块边界下形成的，海沟则是在海洋板块彼此碰撞，一个板块俯冲至另一个板块的下方的汇聚型板块边界下形成的。沿北美大陆西海岸分布的圣安德烈斯断层，则是在太平洋板块和北美大陆板块间形成的很具代表性的转换型板块边界下形成的。

由于板块构造学说的发展，迄今被视为不解之谜的地球活动大多得到了解释。板块构造学说不仅证实了魏格纳当年提出的"大陆漂移说"，也使得原动力问题迎刃而解。然而板块构造学说并没有搞清所有的地球活动，对于地球板块构造是从地球演化史的哪一段时刻开始形成的，科学家将对部分比 2 亿年前更古老的海底地壳做进一步研究。

查阅相关资料,谈谈你所了解的地震知识,可以采取哪些措施以避免发生地震时受到更多的伤害。

一、判断题

(一) 地面上正对着震源的那一点称为震中,它是一个点。　　　　(　)

(二) 强烈地震会造成种种灾害,一般分为直接灾害和次生灾害。　(　)

(三) 地壳通常分为两层,上层为硅镁层,下层是硅铝层。　　　　(　)

二、名词解释

(一) 地震烈度:

(二) 构造地震:

(三) 地壳:

三、思考题

(一) 同样大小的地震,造成的破坏相同吗?

(二) 地震发生后,如何做到紧急避险?

四、拓展题

观看板块构造学说视频。

参考答案

第三章　科技真的能给地球美容吗？
——地貌部分

地球的陆地表面千姿百态，有雄浑的山地，也有低矮的丘陵，有无际的平原，也有山间的盆地。地球的内力作用（如地壳升降、地震、火山喷发等）使地球表面起伏；地球的外力作用（如风、流水、海浪和冰川等）使地球表面平缓。地球的外貌就是这样处在一种周而复始的动态循环状态中。起伏的陆地表面是河流、湖泊、沼泽的载体，人类就在这个平台上生存，也不断地改变着地球的外貌。那人类发明的高科技真的能改变地球的容貌吗？能给地球美容吗？

由石英砂岩形成的独特峰林地貌

一、教学目标
（一）知识目标：了解主要地貌类型。
（二）能力目标：能说出主要地貌类型在我国各地的主要分布。
（三）素质目标：能够分析本人所在地区具有哪些地貌类型。
二、教学重点
结合图片，识别出各种地貌类型及名称。
三、教学难点
能够举例说出我国著名的风景名胜区的主要地貌类型及其成因。

第一节 地球表面形态

我国北宋时期著名的科学家沈括在他的《梦溪笔谈》中阐述了有关地球演变的精辟见解,他在考察雁荡山时,就注意到有地质作用的存在,他认为:谷中大水冲击,沙土尽去,唯巨石岿然挺立。河流对地表有巨大的改造作用。他还根据太行山麓岩石中所含的螺蚌化石,判断这里曾经是大海之滨,后来才发生了沧海桑田的变迁。

意大利著名科学家达·芬奇也曾对侵蚀、搬运、沉积等作用有过详细的描述,他在多次考察阿尔卑斯山后指出,砾石是河流挖掘作用的产物,山是水作用于地表形成的,从山上冲刷下来的泥土被河流搬运到海中,会使海底升高,海水退却,海陆的轮廓也不是一朝一夕形成的。可见,从我们的先辈起,对地球表面的变化就有了明确的认识。

一、概述

地球表面崎岖不平的外貌,称为地形,也称为地貌。

地球表面分为陆地和海洋两大部分,其中陆地面积占地球表面积的29.2%,海洋面积占地球表面积的70.8%。陆地和海洋在地球表面的分布极不均匀,65%以上的陆地集中在北半球。各大陆的轮廓有某些相似性,所有大陆都是北端宽、南端窄,大致呈倒三角形,并且大多在北端与其他大陆相连。三大洋则在南纬50°~60°间相互沟通。

地球表面起伏不平,陆地和海底都是如此。地表的最高点在亚洲喜马拉雅山脉的珠穆朗玛峰,海拔8 844.43米;最低点位于太平洋西侧的马里亚纳海沟,在海面以下11 034米。因此,地表最大垂直起伏约20千米。陆地的平均高度约为875米,海洋的平均深度约为3 700米。地表有二级面积较大、起伏较小的台阶,其一是海洋中深4 000~5 000米的大洋盆地,占地球总面积的22.6%;其二是大陆上低于1 000米的平原、丘陵和低山,占地球总面积的20.8%。

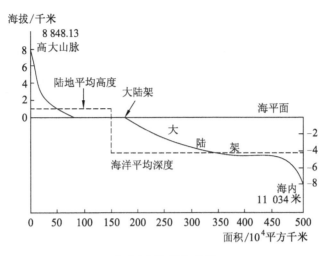

地球表面海陆起伏线

二、陆地地形特征

按照高度和起伏特征，陆地地形可分为山地、丘陵、平原、高原和盆地等类型。

(1) 山地是海拔高度在 500 米以上的低山、1 000 米以上的中山和 3 500 米以上的高山分布地区的总称。线状延伸的山体称山脉，成因上相联系的若干相邻的山脉称山系。陆地上现代最高、最雄伟的山系主要有两条：阿尔卑斯—喜马拉雅山系和环太平洋山系。

(2) 丘陵是指海拔低于 500 米、顶部浑圆、坡度较缓、坡脚不明显的低矮山丘群。如我国的胶东丘陵、川中丘陵等。世界上丘陵分布较广的地区位于俄罗斯西部的东欧平原上。

(3) 平原是海拔低于 200 米、宽广平坦或略有起伏的地区。如我国的松辽平原、华北平原、长江中下游平原等。世界上最大的平原是南美的亚马孙河平原，面积约 6 万平方千米。

(4) 高原是海拔高度在 500 米以上、面积大、顶面较为平坦或略有起伏的地区。我国的青藏高原海拔在 4 000 米以上，是世界上最高的高原。世界上最大的高原是巴西高原，面积有 5 万多平方千米。

(5) 盆地是指四周为山地或高原、中央低平的地区。如我国的四川盆地、塔里木盆地、准噶尔盆地等。一些中、小型盆地地形中，积水便成为湖泊或洼地。世界上最大的盆地是非洲的刚果盆地。

陆地基本地形

类型	特 征	分 布	成 因
山地	海拔都在500米以上,并且相对高度超过200米	全世界海拔1 000米以上的山地占陆地总面积的28%	地壳构造运动,水平方向的挤压、垂直方向的隆起、火山的喷发都可以造就成山
高原	一侧或数侧为陡坡、顶面相对平坦宽广、海拔较高	除去南极大陆的冰盖高原以外,大约占全球陆地面积的30%	一个面积较大的地区,地壳比较均匀地抬升,当抬升的速度超过外营力的侵蚀和剥蚀速度时,地表就隆起成为高原
丘陵	表面起伏,但相对高度在200米以下	中国的丘陵面积有100万平方千米,约为全国总面积的1/10	
平原	近于平坦或地势起伏平缓的开阔陆地,绝大多数海拔低于200米,地面起伏的相对高度小于50米	全世界的平原面积约1 872万平方千米,占陆地总面积的12.5%	地表接受侵蚀和剥蚀碎屑物质,填平原有地表起伏,称堆积平原。可再分为冲积平原、洪积平原、湖积平原、海积平原、冰水平原等多种类型。侵蚀剥蚀作用将地面逐渐夷平而形成的称为侵蚀平原
盆地	四周高、中间低的平地		地壳沉降形成构造盆地,风的侵蚀作用形成风蚀盆地,水的溶蚀作用形成溶蚀盆地;深居内陆的称为内陆盆地,与海洋有河流相通的称为外流盆地

三、海底地形特征

海洋调查表明,被海水覆盖的海底地形和大陆地形一样复杂多样,既有高山深谷,也有平原丘陵,而且规模非常庞大,外貌更为奇特壮观。根据海底地形的总体特征,海底大致可分为大陆边缘、大洋盆地和大洋中脊三个大型地形单元。其中大洋盆地的面积约占海洋面积的1/2,大洋中脊则约占1/3。

大型海底地形单元及其面积比例

名称	面积/平方千米	占海洋面积百分比/%	占地球表面积百分比/%
大陆边缘	80.1	22.3	15.8
大洋盆地	162.6	44.9	31.8
大洋中脊	118.6	32.8	23.2

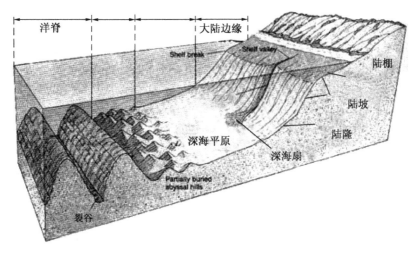

海底地形示意图

1. 大陆边缘

大陆边缘是大陆与大洋盆地之间的过渡地带，由海岸伸向深海方向，大陆边缘常包括大陆架、大陆坡和大陆基，有时在大陆边缘则出现岛弧与海沟地形。

（1）大陆架是海与陆地接壤的浅海平台，其范围是由海岸线向外海延伸至海底坡度显著增大的转折处。大陆架部分的海底坡度平缓，一般小于0.3°，平均约0.1°。其水深一般不超过200米，最深可达550米，平均为130米。大陆架的宽度差别很大，平均为75千米，欧亚大陆的北冰洋沿岸可达1 000千米以上。

（2）大陆坡是大陆架外侧坡度明显变陡的部分，其平均坡度为4.3°，最大坡度可达20°以上，水深一般为200～2 000米、平均宽度为20～40千米。大陆坡上常发育有海底峡谷，峡谷的下切深度可以达数百米乃至千米以上，两壁陡峭，有些海底峡谷可切过整个大陆架与现代大河河口相接。

（3）大陆基是大陆坡与大洋盆地之间的缓倾斜坡地，其平均坡度通常为3°，水深一般为2 000～4 000米，宽度可达1 000千米。大陆基主要分布于大西洋和印度洋边缘，在海沟发育的太平洋边缘不发育。

（4）岛弧与海沟。岛弧是大洋边缘延伸距离很长、呈弧形展布的岛群。如在太平洋北部和西部边缘有阿留申、千岛、琉球、菲律宾、马里亚纳、汤加-克马德克等群岛。海沟是大洋边缘的巨型带状深渊，其长度常达1 000千米以上，宽度近100千米，深度多在6 000米以上。

海沟常与岛弧平行伴生，发育在岛弧靠大洋一侧的边缘，与岛弧组成一个统一的海沟-岛弧系。如前所述的太平洋西侧的各岛弧东侧边缘都存在海沟。海沟也可以与大

为什么岛屿会排队

陆海岸的弧形山脉相邻,这种情况可以看成是岛弧与大陆连接在一起的情形。如太平洋东侧南美大陆边缘的秘鲁-智利海沟等。

通常把大陆边缘分为两类:一类由大陆架、大陆坡和大陆基组成,这类大陆边缘主要分布于大西洋,称为大西洋型大陆边缘;另一类由大陆架、大陆坡和海沟组成,主要分布于太平洋,称为太平洋型大陆边缘。

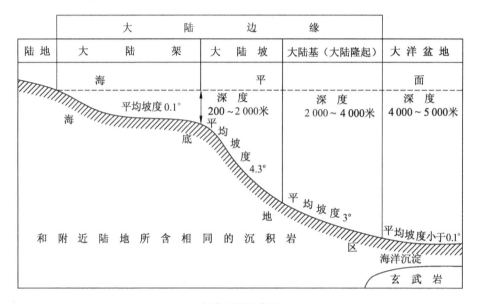

大陆边缘示意图

2. 大洋盆地

马里亚纳海沟

大洋盆地是介于大陆边缘与大洋中脊之间的较平坦地带,平均水深4 000～5 000米。大洋盆地主要可分为深海丘陵和深海平原两类次级地形。深海丘陵为高度几十至几百米的海底山丘组成的起伏高地,深海平原是坡度很小(平均小于0.1°)的洋底平缓地形。

此外,大洋盆地中经常可见规模不大、地势比较突出的孤立高地,称为海山。顶部平坦的海山称为平顶海山,其成因一般认为是海山顶部接近海面时被海浪作用夷平而成。有些海山呈链状分布,延伸可达上千千米,称为海岭。海山顶部如露出海面以上即成为大洋中的岛屿。

3. 大洋中脊

大洋中脊是绵延在大洋中部(或内部)的巨型海底山脉,它具有很强的构造活动性,经常发生地震和火山活动。大洋中脊在横剖面上一般呈较对称的中间高、两侧低的形态，中部通常高出深海底2 000～3 000米，其峰顶距海面一般2 000～3 000米（个别地点可露出海面，如冰岛、亚速尔群岛等），宽度可达2 000～4 000千米。大洋中脊在各大洋中均有分布，且互相连接，全长近65 000千米，堪称全球规模最大的"山系"。大洋中脊轴部常有一条纵向延伸的裂隙状深谷，称中央裂谷。该裂谷一般宽数十千米，深可达1 000～2 000米。

第二节 主要地貌类型及其成因

地貌是在来自地球内部的内力和来自地球之外的外力相互作用之下形成、发育起来的。地貌的形态复杂多样，有的雄伟挺拔，如高大的山脉；有的广阔无边，如一望无际的草原。

根据空间规模的大小，可以将地貌分为大、中、小等不同尺度，甚至还有微地貌。大地貌一般都由内力作用形成，而外力作用则塑造了地貌形态的细节，大部分中、小地貌的形成都与外力作用有关。最基本的大地貌是山地、丘陵、高原、平原、盆地五种。如我国广大的华北平原是大地貌；华北地区平原上的不同部位，如冲积扇平原、三角洲平原、海积平原、湖积平原等就是中地貌；平原上的古河道、河漫滩、决口扇是小地貌；而平原面上一些仅有一两米起伏的岗、坡、洼就是微地貌。

一、地质作用与地貌类型

地球的岩石圈（或地壳）已经形成40多亿年了。在这漫长的地史期间，它无时无刻不在发生变化，从成分、结构、构造，直至地球表面的形态。这种使岩石圈（或地壳）发生变化的作用就是地质作用。

地质学家把各种影响地貌的地质作用分为外力作用和内力作用两大类，前者包括了不易察觉的河流、湖泊、风、冰川、海洋以及地下水等各种复杂的作用；后者囊括了岩浆活动、地幔对流等众多地球内部的各种巨大的改造作用。让我们逐步揭开地质作用的神秘面纱，看看地球是怎样发生变化的。

一般认为，内力作用是由地球内部的能量所引起，主要是重力能和放射性元素蜕变产生的热能；而外力作用能量的根本来源是太阳辐射。

外力作用主要包括了河流、湖泊、风、冰川、海洋以及地下水等各种复杂的作用，它们对地貌的影响是缓慢的、安静的、长期的、不易察觉的。简单地说，外力作用首先是使岩石破碎，然后把它们从原来的地方搬走，搬运到另一个地方沉积下来。所以，外力作用的总趋势是"削高填低"，把高山削低，使低谷填平，结果是使地表趋于平坦。内力作用指的是板块运动、岩浆活动、地壳运动等，如火山、地震和海啸、山崩或雪崩、山洪和泥石流等，它们往往是突发的或灾变性的，对地貌的形成是具有决定性的。所以，内力作用的结果更像是一个建筑师，往往是形成高山高原，结果是使地表高低不平。

多种多样的地表形态是内、外力地质作用对地壳综合作用的结果。内力作用控制了海陆分布的轮廓及山地、高原、盆地和平原的地域配置，决定了地貌的构造格局。而外力（流水、风力、太阳辐射能、大气和生物的生长和活动）作用，通过多种方式，对地壳表层物质不断进行风化、剥蚀、搬运和堆积，从而形成了现代地面的各种形态。

山地地形的演化取决于隆起与侵蚀的对比关系。地球表面地形的塑造是内力和外力交互作用的结果。当隆起超过侵蚀时，山地就上升，形成高山；当隆起小于侵蚀时，山地就降低；当山地不再隆起时，在外力侵蚀作用下，高山将会缓慢形成低地或侵蚀平原，澳大利亚著名的艾尔斯岩就是侵蚀作用遗留下来的一座红色沙砾岩残丘。

根据形成地貌受到的主要外力作用的不同可以将其分为：流水地貌、岩溶地貌、黄土地貌、丹霞地貌、风沙地貌、海岸地貌、火山地貌等。

按照主要外力作用划分的地貌类型

类型	成因	主要类型
流水地貌	由地表水流的侵蚀、搬运和堆积作用所形成	流域地貌、斜坡地貌、沟谷地貌、河谷地貌、河床地貌、河漫滩地貌、冲积平原地貌、三角洲地貌以及峡谷地貌和瀑布
岩溶地貌	可溶性岩石受流水溶蚀、侵蚀而产生	地表岩溶（石芽、石林、封闭洼地、盲谷、干谷和岩溶盆地、槽谷，漏斗和落水洞、竖井以及塌陷生成的天生桥与"天坑"），地下岩溶（溶洞、钟乳石、暗河）
黄土地貌	黄土分布地区形成、发育的地貌	黄土塬、黄土梁、黄土峁、黄土坪以及形态各异的黄土柱、黄土塔、黄土桥、黄土陷穴
丹霞地貌	红色砂砾岩经侵蚀和溶蚀形成	中国的丹霞地貌分布很广，南方的广东、广西、福建、湖南、江西、浙江、四川等省区最多
风沙地貌	经风力侵蚀、搬运和堆积形成	风蚀地貌（风蚀残丘、雅丹地貌、风城、风蚀谷、风蚀洼地、石蘑菇等）和风积地貌（沙丘、沙垄、沙山等）

续表

类型	成因	主要类型
海岸地貌	波浪、潮汐、海流、河流、冰川作用，以及地壳构造运动、海面变化、生物作用形成	海岸堆积地貌（三角洲、海滩、潮滩、沙坝、沙嘴、潟湖和各种海岸沙丘等）和海岸侵蚀地貌（海蚀洞、海蚀崖、海蚀柱、海蚀平台、海蚀阶地）
海底地貌	内营力作用	大陆边缘、大洋盆地和大洋中脊
火山地貌	地球内部岩浆喷发形成	火山可分为盾形火山、穹形火山、锥形火山等

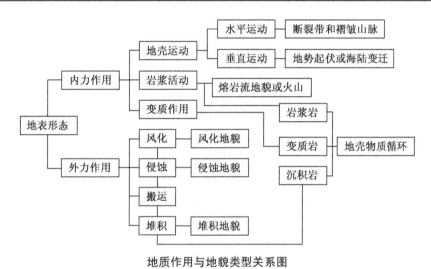

地质作用与地貌类型关系图

二、外力作用与地貌

1. 风化作用——黄山怪石的形成

年轻恋人们常用"海枯石烂不变心"来表达自己对爱情的忠贞。但事实上，经历极长时间之后海是会枯的，石头也会烂掉。风化作用就是造成石头烂掉的主要原因。

最简单的风化作用是物理风化，沙漠地区尤为明显。因为那里白天气温高达40℃～50℃，晚上可降到0℃以下。岩石热胀冷缩，这种胀缩在岩石表部和核部是不一样的。久而久之，岩石就会

风化石

出现裂隙，大块变成了小块，小块变成了砂，砂变为土，石头就慢慢烂掉了。

岩石的球状风化是最常见的，黄山美景的成因就是球状风化。这是因为岩石的外层容易发生裂开，呈鳞片状剥落，加上岩石内常有相互交错的裂缝，沿裂缝风化最深，棱角磨得最圆。

风化作用无处不在，无孔不入，它对人们带来的困扰，几乎可与生锈、虫蛀并列。在我国南方气候炎热而潮湿的地区，裸露的岩石只需几年便因风化而变得疏松。洞穴或石窟（如著名的云冈石窟、敦煌石窟等）中的浮雕或石雕虽免于风吹雨淋之苦，也会因风化而变得斑驳陆离。

2. 流水作用——"地上河"的成因

流水对地表的岩石和土壤进行侵蚀，将松散物质和被它侵蚀的物质以及水溶解的物质进行搬运，最后由于流水动能的减弱又使其搬运物质沉积下来，这些作用统称为流水作用。

我国的黄河流经黄土高原，携带了大量的黄土和泥沙。河流中携带的泥沙，一部分在入海口堆积下来，使海岸线不断向海推进。黄河三角洲是世界上增长速度最快的三角洲，从其含沙量计算，三年即可向海推进 10 千米。长江的含沙量尽管不算高，但流量是黄河的 20～30 倍，输沙结果也很可观了。以崇明岛为例，公元 620 年它刚露出水面（称水沙洲），现在的面积已达 800 多平方千米。历史上曾在崇明岛沿海岸做过护堤，现在这些堤均已没入水中了。

还有一些泥沙，随着水流速度的减慢，逐渐在河床内沉积下来。黄河到了下游，流速变缓，于是大量的泥沙就沉积了下去，经年累月，黄河的河床不断增高，两岸则不断筑堤来约束洪水，致使河床与两岸地面的高差越来越大，因而形成了地上河，成了名副其实的"悬挂"在空中的河流。正因为这样，有史以来黄河曾在北至海河、南达淮河的广大地域内数次改道，入海口也相应改变，造成巨大的水患。近年来，由于沙多水少，黄河经常发生断流，无水入海。这是大自然给我们敲响的环保警钟。

3. 岩溶地貌——桂林山水甲天下的由来

岩溶就是对岩石的溶解。凡是地表水和地下水对可溶性岩石的破坏和改造作用都叫岩溶作用。这种作用所产生的地上和地下的各种形态叫岩溶地貌。

（1）地表岩溶地貌。

地表水溶蚀和侵蚀石灰岩，形成许多凹槽，其间的突出部分称为石芽，在热带多雨的厚层纯石灰岩地区，石芽发育得特别高大，称为石林。石灰岩遭受强烈溶蚀而成的山峰结合体称为峰丛和峰林。上述景观地貌在我国以广西桂林和云南石林最具代表性。

桂林山水有"甲天下"的美名，成为举世闻名的旅游胜地，皆源于发育典型的岩溶地貌。云南石林位于路南彝族自治县，是另一处典型的岩溶峰林景区，是我国的一座造型地貌博物馆。

云南石林

北京房山石花洞

（2）地下岩溶地貌。

地下的岩溶地貌是各种溶洞，地下水中含有的碳酸钙在过饱和条件下沉积而成各种化学堆积物：从洞顶往下悬挂的叫石钟乳；从洞底往上生长的叫石笋；石钟乳和石笋相接叫石柱；洞壁上的片状沉积叫石幕。

我国著名的岩溶洞穴有：广西桂林的芦笛岩、七星岩，南宁的伊岭岩，贵州安顺的织金洞、龙宫洞，江苏宜兴的善卷洞、张公洞、灵谷洞，浙江桐庐的瑶琳仙境，北京的石花洞，辽宁的本溪水洞，广东的肇庆七星岩等。有些溶洞内还有大量的石笋、石钟乳、石花、石幔等岩溶凝聚物，令人目不暇接。有些溶洞内还有地下暗河、地下瀑布，更使人流连忘返。桂林的象鼻山，则是原地下河道露出地表形成的。在广西境内经常可看到这种抬升到地表以上的溶洞，俗称"神女镜"或"仙女镜"。

4．丹霞地貌

丹霞地貌是红色沙砾岩在内外引力作用下发育而成的方山、奇峰、赤壁、溶洞等特殊地貌。此种地貌最早发现于广东仁化丹霞山，故此得名。丹霞地貌的主要特点是：碧水丹山，精巧玲珑，方山峭壁，峰奇洞幽。

丹霞地貌广泛分布在我国长江以南各省区，代表性的名山有广东丹霞山和福建武夷山等。此外，广东坪石的金鸡岭，河北承德的磬锤峰和僧帽山，安徽的齐云山，以及湖南武陵源的大部分景区也属于此种地貌。

5．大地的镜子——湖泊的成因

与奔腾的江河相比，湖泊是静滞的水域，但它对人类文明发展的影响并不亚于河流。如果没有洞庭湖和滇池，能有"岳阳楼记"和"天下第一长联"吗？

我国是一个多湖泊的国家，湖北省被誉为千湖之省。湖泊发育的首要条件是汇水、储水的盆地，即湖盆；其次是水有来源。

湖盆的形成则有多种原因：

构造湖盆常见于地表的断陷带或裂谷带内，如沿东非大裂谷（可分东支和西支）发育的湖盆，俄罗斯境内的里海、贝加尔湖等。我国的云南省在昆明附近和大理附近发育了两个近南北向的盆地群，其中的滇池和洱海都是构造湖盆。昆明西山龙门陡崖实为一断层崖，崖下即滇池；大理城外点苍山东麓的山前断裂即为洱海西界。

火山作用造成火山湖盆，一种是火口湖，即火山喷发停止后火山嘴积水成湖，如吉林长白山主峰白头山天池；另外一种是火山喷出物将河谷堰塞成湖，如黑龙江省的镜泊湖。

河成湖盆是河流发生弯曲改道、废河道两端淤塞造成的湖盆。通常认为这样的湖盆集中于两个带，一是长江中下游带（含汉水流域的湖盆），二是北起天津南迄杭州的沿海带。不过从历史上看，该地的许多湖盆（如鄱阳湖、洞庭湖等）早期都经历过断陷盆地阶段，现今的长江河道发育也受基底中断裂的影响，因而称复合成因的湖盆可能更恰当。

冰川湖盆是由冰川的刨蚀形成的。在山岳冰川区，原冰斗洼地区可积水形成面积不大的冰斗湖；大陆冰川区则形成顺冰流方向排列、深浅不一的窄长湖盆。冰川或冰碛物把河流堵塞可形成湖，如新疆的天山天池。

风成湖盆与风有关，风在吹扬风沙的同时，既可掘地成湖，也可堆沙成湖。湖盆呈圆形或椭圆形，顺风向延展。西北及内蒙古的湖大多属于这类，如吐鲁番盆地内的罗布泊。

海成湖盆是海湾、潟湖等因邻区地壳上升与海洋自身隔绝而形成的，如杭州的西湖原是杭州湾的一部分，属海成湖，现湖水来源于雨水，故是淡水湖。西湖至今风光依旧，与历史上几次重大的疏浚活动有关，包括苏东坡组织的清淤。

还有各种各样的人造湖盆，有的是掘地成湖（如颐和园的昆明湖和北京大学的未名湖），有的是筑坝拦河成湖（如浙江的千岛湖），有的是修堤围海成湖，有的是引水入低洼处成湖。

太湖的成因

6. 风力侵蚀作用

风力侵蚀作用对岩石的改造，以及它所形成的独特地貌，真可谓鬼斧神工。

如果沙漠里有一座基岩构成的平台形高地，高地内有节理或裂隙发育，暴雨的冲刷会使节理或裂隙加宽扩大。一旦有了可乘之机，风的吹蚀就开始起作用了，风蚀沟谷和洼地逐渐分开了孤岛状的平台小山。随着时间的推移，这些平台小山最终演变为石柱或石墩。旅游者到了这样一个地方，就像到了一个颓废了的古城：纵横交错的风蚀沟谷是街道，石柱和石墩是沿街而建的楼群。这种气势雄伟的风蚀奇特景观，在我国西部的柴达木盆地、准噶尔盆地最为典型。

风蚀城堡

雅丹地貌

罗布泊的雅丹地貌是软硬相间的土状沉积物地层经定向的外营力作用，如风、水等作用形成的。石柱遭受风的吹蚀会变成各种形状。如像屋檐那样的称为石檐；形成锯齿状的称为"雅尔塘"；蘑菇状的称为蘑菇石。

风动石

摇摆石

当然，漫天风沙也会做好事：它使岩石内的铁锰质逸出，形成厚约 1～2 毫米的外膜，称沙漠漆。它是乌黑油亮的，不仅美观，而且能保护岩石，就像铝的氧化膜保护铝制品那样。埃及的金字塔和狮身人面像，历 4 000 年风雨仍傲然屹立，甚至其上的题词还能辨认，沙漠漆也有一份功劳呢！

1. 查阅更多资料，看看你所知道的著名旅游景观是由哪些作用形成的。
2. 观看地质作用与典型地貌景观成因分析视频。
3. 查找中国十大丹霞旅游景点。

一、判断题

（一）在地球表面，陆地面积占地球表面积的29.2%，海洋面积占地球表面积的70.8%。（　　）

（二）一般认为，内力作用能量的根本来源是太阳辐射，而外力作用是由地球内部的能量所引起。（　　）

（三）构造湖盆地常见于火山口。（　　）

二、名词解释

（一）地貌：

（二）大洋中脊：

（三）流水作用：

三、思考题

（一）风化作用和侵蚀作用的区别是什么？

（二）岩溶地貌（喀斯特地貌）是如何形成的？

（三）为什么四川省地震多发？

四、拓展题

海底地形是如何测量的？

五、链接题

世界上最长的海底山脉——大洋中脊。

参考答案

第四章 地球真的越来越暖了吗？

——气候部分

> 温室气体能吸收地表长波辐射，使大气变暖，与"温室"作用相似。若无"温室效应"，地球表面平均温度是 $-18℃$，而非现在的 $15℃$。
>
>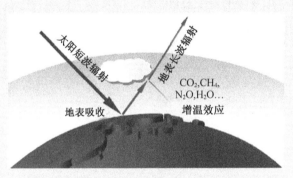
>
> 温室效应
>
> 澳大利亚气象局曾发布的年度气候报告显示，2013年是该国自1910年有记录以来最热的一年，平均气温达到 $23℃$，比曾经最热的2005年的平均气温高出 $0.17℃$。澳大利亚新南威尔士大学气候变化研究中心教授史蒂文·舍伍德领导的科研团队在英国学术杂志《自然》上发表的一份科研成果称，过去的模型错误估计了云层的形成，对温度变化的预测也偏低。如果不减少二氧化碳等温室气体的排放，预计2100年全球的平均气温将比工业化以前至少上升 $4℃$，这将会成为地球的"噩梦"。
>
> 地球真的会越来越暖吗？人类应该采取怎样的措施来遏制这一现象的继续呢？

导学

一、教学目标
（一）知识目标：了解地球大气的垂直结构。
（二）能力目标：掌握常见天气现象的形成原理。
（三）素质目标：学习进行天气预报的现代科技手段。

二、教学重点
分析全球变暖的原因及影响。

三、教学难点
探讨应对全球变暖的对策及可行性。

第一节 地球上的大气

大气层是包裹着地球的一层薄层气体，可以供给地球上生物生活所必需的碳、氢、氧、氮等元素，还可以保护生物的生长，使其避免受到宇宙射线的危害。大气能够防止地球表面温度发生剧烈的变化和水分的散失，如若没有大气圈，地球上将不会存在水分。一切天气的变化，如风、雨、雪、雹等都发生在大气圈中。大气还是地质作用的重要因素。总而言之，大气与人类的生存和发展关系密切。

一、地球大气的垂直结构

整个地球大气层像是一座高大而又独特的"楼房"，按其成分、温度、密度等物理性质在垂直方向上的变化，自下而上依次是：对流层、平流层、中间层、暖层和散逸层。

1. 对流层

对流层是紧贴地面的一层，它受地面的影响最大。因为地面附近的空气受热上升，位于上面的冷空气下沉，这样就发生了对流运动，所以把这层叫作对流层。它的下界是地面，上界因纬度和季节而不同。在低纬度地区其上界为17～18千米，在中纬度地区为10～12千米，在高纬度地区仅为8～9千米。夏季的对流层厚度大于冬季。

2. 平流层

平流层在对流层的顶部，直到高于海平面50～55千米的这一层，气流运动相当平衡，而且主要以水平运动为主，故称为平流层。

3. 中间层

平流层之上，到高于海平面85千米的高空，称为中间层。这一层大气中，几乎没有臭氧，所以气温随高度的增加而下降得很快，到顶部气温已下降到-83℃以下。由于下层气温比上层高，有利于空气的垂直对流运动，故又被称为高空对流层。

4. 暖层

从中间层顶部到高出海面800千米的高空，称为暖（热）层，又叫电离层。这一层空气密度很小，在700千米厚的气层中，只含有大气总重量的0.5%。暖层气温很高，高达1 000℃以上。

5. 散逸层

暖层顶以上的大气统称为散逸层，又叫外层。它是大气的最高层，高度最高可达3 000千米。这一层大气的温度也很高，空气十分稀薄，受地球引力场的约束很弱，一些高速运动着的空气分子可以挣脱地球的引力和其他分子的阻力散逸到宇宙空间去。地球大气圈之外，还有一层极其稀薄的电离气体，其高度可延伸到22 000千米的高空，称之为地冕，也就是地球大气向宇宙空间的过渡区域。

二、大气成分

地球大气由多种气体混合组成。低层（85千米以下）大气的气体成分可分为两类：一类为常定成分，主要包括氮、氧、氩，以及微量的惰性气体氖、氦、氪、氙等，它们在大气成分中保持固定的比例；另一类为可变成分，其比例随时间、地点而变化，其中水汽的变化幅度最大，二氧化碳和臭氧所占比例最小，但对气候影响较大，硫、碳和氮的各种化合物还影响到人类生存的环境。

干洁空气是指大气中除去水汽、液体和固体微粒以外的整个混合气体，简称干空气。它的主要成分是氮、氧、氩、二氧化碳等，其容积含量占全部干洁空气的99.99%以上。其余还有少量的氢、氖、氦、氙、臭氧等。

干洁大气的主要成分和比例见下表：

干洁大气成分表

气体	容积百分比	质量百分比	分子量
氮	78.084	75.52	28.013 4
氧	20.948	23.15	31.998 8
氩	0.934	1.28	39.948
二氧化碳	0.033	0.05	44.009 9

第二节 天气与气候

一、千变万化的天气现象

1. 云

天空中的云是由许多细小的水滴或冰晶组成的，有的是由小水滴或小冰晶混合在一起组成的，有时也包含一些较大的雨滴及冰、雪粒。云的底部不接触地面并有一定厚度。云主要是由水汽凝结形成的。

水汽从蒸发表面进入低层大气后，这里的温度高，所容纳的水汽较多，如果这些湿热的空气被抬升，温度就会逐渐降低，到了一定高度，空气中的水汽就会达到饱和。如果空气继续被抬升，就会有多余的水汽析出。如果那里的温度高于0℃，则多余的水汽就凝结成小水滴；如果温度低于0℃，则多余的水汽就凝结为小冰晶。在这些小水滴和小冰晶逐渐增多、增大并达到人眼能辨认的程度时，就是云了。

2. 雾

雾是近地面微细水滴或冰晶附着在大量的悬浮颗粒上形成的集合体。雾和云都是由浮游在空中的小水滴或小冰晶组成的水汽凝结物，只是雾生成在大气的近地面层中，而云生成在大气的较高层而已。大气中水汽达到饱和的原因有两个：一是由于蒸发，增加了大气中的水汽；二是由于空气自身的冷却，对于雾来说冷却更重要。

当空气中有凝结核时，饱和空气如继续有水汽增加或继续冷却，便会发生凝结，若凝结的水滴使水平能见度降低到1 000米以内时，雾就形成了。一般在工业区和城市中心形成雾的机会更多，因为那里有丰富的凝结核存在。雾多为乳白色，城市工矿区的雾由于受烟尘的影响常带土黄色或灰色。当出现雾天时，污染物飘浮在空中，空气质量相对较差，对人体健康不利，因此雾天不宜外出。大雾也常会影响汽车和飞机的正常运行。

中国地区主要有6个雾区：长江中游区、海岸区、云贵高原区、陇东—陕西区、淮河流域、天山及北疆区。沿海地区的雾天以春夏出现得最多，内陆雾天以西南地区为最多，全年雾天达60～80天，其他地区则很少。西北地区几乎没有雾，这是因为那里空气所含水分过少。

雾霾的成因

3. 露

在温暖季节的清晨,人们在路边的草、树叶及农作物上经常可以看到露珠。

在0℃以上,空气因冷却而达到水汽饱和时的温度叫"露点温度"。在温暖季节,夜间地面物体强烈辐射冷却的时候,与物体表面相接触的空气温度下降,在它降到"露点温度"以后就有多余的水汽析出。因为这时温度在0℃以上,这些多余的水汽就凝结成水滴附着在地面物体上,这就是露。

露大多出现于天气晴朗、无风或微风的夜晚,一般在夜间形成,日出以后,温度升高,露就蒸发消失了。

4. 霜

霜是水汽在温度很低时,凝固在固体表面的一种现象。严寒的冬天清晨,户外植物上通常会结霜。霜是一种白色的冰晶,多形成于夜间。少数情况下,在日落以前太阳斜照的时候也会开始形成。通常,日出后不久霜就融化了。但是在天气严寒的时候或者在背阴的地方,霜也能终日不消。

霜一般形成在寒冷季节里晴朗、微风或无风的夜晚。有微风的时候,空气缓慢地流过冷物体表面,不断地供应着水汽,有利于霜的形成。

5. 雨

有雨先有云。云滴中的小水滴和冰晶因凝结和互相碰撞会逐渐增大。因此,云滴要增大到雨滴,首先需要云很厚,云滴浓密,含水量多,这样,它才能继续凝结增长;其次还需要存在较强的垂直运动,这样才能增加多次碰撞并合的机会。在比较薄的和比较稳定的云中,云滴没有足够的凝结和并合增长的机会,只能形成多云、阴天,不大会下雨。

由于水汽的补充,使某些云滴有所增长,再加上并合作用,较大的云滴继续增长变大,成为雨滴。雨滴受地心引力而下降,遇到上升气流,使其下降的速度变慢,并且一些小雨滴还可能被带上去。只有当雨滴增大到一定的程度时,才能下降到地面,形成降雨。

闪电

6. 雷和闪电

闪电是带电云层在大气中放电的结果,雷属于大气声学现象,是大气中小区域强烈爆炸产生的冲击波形成的声波。当大气层中电荷不断地在云层集结,如果电荷量变得足够强大,就会发生闪电。当闪电横穿天空时,能很快使沿途的空气变热,变热了的空气迅速膨胀,猛烈地向四周冲击，这样就引起了巨大的声波，这种声波我们听起来就是雷声。

雷电对人体的伤害是很大的，当人遭受雷电击时，电流迅速通过人体，严重的可使心跳和呼吸停止，脑组织缺氧而死亡。另外，雷击时产生的是火花，也会造成不同程度的皮肤烧伤，也能造成耳鼓膜或内脏破裂等。

7. 海市蜃楼

炎热的夏天，在平静无风的海面、湖面或沙漠上，有时眼前会突然出现栩栩如生的楼房、树木、轮船、行人等，时隐时现，这种奇观通常称为海市蜃楼。

海市蜃楼是地球上物体反射的光经大气折射而形成的虚像。一般情况下，空气的密度是随高度递减的，在空气密度反常分布（随高度递增）的情况下，由物体发出的光线进入这种气层，因折射和全反射作用，使看到的物像与实际物体相比，发生了位置改变、大小改变、形状歪曲等现象。海市蜃楼与地理位置、地球物理条件以及那些地方在特定时间的气象特点有密切联系。气温的反常分布是大多数海市蜃楼形成的气象条件。例如，夏季沙漠中烈日当头，沙土被晒得灼热，因沙土的比热小，温度上升极快，沙土附近的下层空气温度上升得很高，而上层空气的温度仍然很低，这样就形成了气温的反常分布。

8. 彩虹

彩虹是一种大气现象，当空气中富集了大量的水汽，经过太阳光以较小的角度照射，阳光照射在水蒸气中的小水滴上会折射出七彩的色带。

海市蜃楼

月虹

彩虹出现的时候大多在早上和傍晚，这时候太阳比较接近地平线，照射的角度也就很低。如果是在早上，太阳从东边升上来，那么彩虹就会在西边天空中出现；如果是在傍晚，太阳西沉下去，彩虹就会出现在东边天空中。彩虹多是在雨后出现，因为一般在雨后，空气中的水蒸气非常多，这时候太阳出来，照射水蒸气，就比较容易出现彩虹。彩虹是由空中的雨滴像三棱镜那样折射分解阳光而形成的，所以彩虹通常在白天有太阳的时候出现。

夜间的天空，也会出现彩虹，称为月虹。月虹的形成也需要光源，夜间虽然没有太阳，但如果有明亮的月光，大气中又有适当的云雨滴，便可形成月虹。月球反射太阳光，故月光也由赤、橙、黄、绿、青、蓝、紫这七种可见的单色光组成，从而折射出的月虹也是彩色的。不过，月光毕竟比阳光弱得多，因此形成的月虹没有日虹那么明亮，只能在接近满月的时候才能看到。

9. 佛光

佛光是一种光的自然现象，是阳光照在云雾表面，经过衍射和漫反射作用形成的。它看上去是一个七彩光环，而人影在光环正中，且随着人而动，变幻之奇，出人意料。

佛光的本质是太阳从观赏者的身后，将人影投射到观赏者面前的云彩之上，云彩中的细小冰晶与水滴形成独特的圆圈形成彩虹，人影正在其中。佛光的出现，原则上要阳光、地形和云海等众多自然因素的结合，只有在极少数具备了以上条件的地方才可欣赏到。在峨眉山地区，由于其独特的气候和地貌特点，经常有佛光出现。19世纪初，科学界便把这种难得的自然现象命名为"峨眉宝光"。

佛光

极光

10. 极光

极光是南北极地区特有的一种大气发光现象，极光被视为自然界中最漂亮的奇观之一。太阳是一个庞大而炽热的气体球，在它的内部和表面进行着各种化学元素的核反应，产生了强大的带电微粒流，并从太阳发射出来，用极大的速度射向周围的空间。当这种带电微粒流射入地球外围那稀薄的高空大气层时，就与稀薄气体的分子猛烈地撞击起来，于是产生了发光现象，这就是极光。

极光一方面与地球高空大气和地磁场的大规模相互作用有关，另一方面又与太阳喷发出来的高速带电粒子流有关，这种粒子流通常被称为太阳风。由此可见，形成极光必不可少的条件是大气、磁场和太阳风，缺一不可。具备这三个条件的太阳系其他行星，如木星和水星，它们的周围也会产生极光。

二、天气预报

天气是指某一地区在某一时段内由各种气象要素综合体现的大气状态，大气中发生的阴、晴、风、雨、雷、电、雾、霜、雪等都是天气现象，它们的产生都与天气系统的活动有密切的关系。天气与人类的生活、社会、经济活动有着十分密切的关系。天气过程则指天气随时间的演变过程。

"天有不测风云"，这句话充分说明了天气预报的难度。随着科学技术的发展，天气预报的准确率在不断提高。在我国古代，人们通过观测天象、物象的变化，编成天气谚语，以此预测当地未来几天的天气。17世纪以前，这种经验预报方法，尤其是"看云识天气"的常识仍在广泛应用。17世纪以后，温度表和气压表等气象观测仪器相继出现，地面气象站陆续建立，这时主要根据气压、气温、风、云等要素的变化来预报天气。但是，用天气图来预报天气，则只有100多年的历史。

1820年，德国莱比锡大学教授布兰德斯绘制出世界上最早的天气图，它为切实可行地预报天气创造了条件。19世纪中期，法国、英国先后开始了天气预报，并很快普及世界各地。后来，观测天气的手段不断增多，尤其是气象卫星的发射，大大提高了天气预报的准确度。

三、全球气候系统

1. 气候系统

全球气候系统指的是一个由大气圈、水圈、冰冻圈、岩石圈（陆面）和生物圈组成的高度复杂的系统，这些圈层之间发生着明显的相互作用。

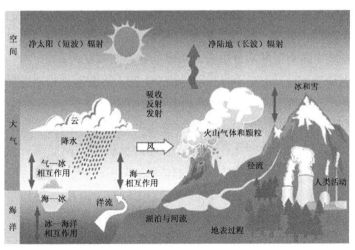

气候系统的相互作用

气候系统是地球系统（该系统还包括人类与生命系统、社会与经济方面）的主要部分之一，它是一个完整的、相互关联的具有复杂代谢和自身调节机制的系统。

2. 气候系统与各个圈层

（1）大气圈包括对流层、平流层、中间层、电离层及外层空间，是气候系统中最不稳定、变化最快的部分。大气圈不但受到其他四个圈层的直接作用与影响，而且与人类活动有着最密切的关系。人类主要生活在大气圈中，因而大气圈的状态和变化直接影响着人类的生存条件和各种活动。气候系统中其他圈层变化产生的最后影响结果都会反映在大气圈中，因而大气圈是气候系统的中心。

（2）水圈由所有的液态地表水和地下水组成，既包括陆地的淡水（如江河、湖以及岩层中的水），也包括海洋的咸水。这些水都通过复杂的水圈相互联系在一起。海洋和陆面的水通过蒸发或蒸散，以水汽的形式进入大气中，尤其是海洋中，大量的水汽被大气环流输送到陆地上空，在那里形成云、雨。降水的一部分又以地表径流（主要是在河流中）的形式流入海洋，影响着海洋的盐分和环流；另一部分渗入地下变成地下径流和地下水，前者又可回流到海洋，后者则储存于地下，补充那里不断被开采的地下水量。上述水圈循环周而复始，为地球的各种系统提供必需的水源。

（3）岩石圈是指固体地球的上层部分，既包括陆地，也包括海洋。它由所有地壳表层岩石和上地幔中的低温弹性部分组成。火山活动虽然是岩石圈的一部分，但不包含在气候系统之中，而是作为一种自然的外强迫因子影响地球的气候。岩石圈与气候变化最密切相关的部分是陆地表面的植被与土壤以及相关联的过程。陆地表面的结构或其粗糙度在风吹过的时候也可从动力学上影响大气。

（4）生物圈包括陆地和海洋以及所有的生态系统和生物。通过生物圈的生物过程与物理和化学过程的强烈的相互作用，可以产生维持地球上生命系统赖以生存的环境，对大气成分也有重要的影响。陆地生物群也是气候系统中的一个重要部分，例如，陆地植被类型影响蒸发到大气的水分以及太阳辐射的吸收或反射。

（5）冰冻圈包括大陆冰川、雪区、海冰和冻土以及格陵兰和南极的冰原，也常称为冰雪圈。目前，冰川覆盖了全球地表约3%的面积，储存了75%的非海洋水（淡水）。海冰面积占冰冻圈面积的7%，永久冻土占陆地面积的20%～25%。冰冻圈对气候系统之所以重要，是因为它对太阳辐射有较高的反射率（反照率）、低的热传导率、大的热惯性，以及在驱动深海环流中的关键作用。

气候系统的各个圈层不是独立存在的，它们之间发生着明显的相互作用，这种作用不但有物理的、化学的和生物的，还具有不同的时间与空间尺度，从而使气候系统成为一个非常复杂的系统。如前所述，气候系统的各个圈层虽然在组成、物理与化学特征、结构和状态上有

气象信息网络

明显的差别，但它们都是通过质量、热量相互联系在一起，因而这些圈层是一个开放的、相互联系的系统。

第三节　全球变暖

一、全球变暖

1. 全球变暖的趋势

1860—2000年，全球年平均气温呈上升趋势。据科学家计算，20世纪增加了0.74℃。最近100年是过去1 000年中最暖的，最近20年是过去100年中最暖的。中高纬度陆地变暖最明显，冬季增温明显。

100多年来，我国气温也呈上升趋势。1951—2001年每10年平均上升0.22℃，51年共上升了1.1℃。增温主要从20世纪80年代开始，而且有加快趋势。在1905—2001年的97年中，年平均气温上升了0.79℃。

我国增温主要发生在20世纪20至40年代和80年代中期以后，其中1998年是最暖的一年，比平均值高1.13℃。2006年，我国平均气温达到9.92℃，2007年攀升到10.6℃，是1905年以来的最高值，超过了1998年。两个明显的偏凉时期是20世纪10至20年代和50至60年代。

2. 全球变暖的预测

科学家的模拟计算表明，未来100年，全球平均气温将上升1.1℃~6.4℃，其中北半球中高纬度气温上升最明显，我国将上升2.9℃，人类或将迎来新的"高温时代"。

二、全球变暖的原因

全球变暖的原因有自然原因，也有人类活动的影响。

自然原因有气候系统内部相互作用，如火山爆发、太阳辐射变化等；人类活动主要指燃烧化石燃料排放的二氧化碳等引起的温室效应。

大气层本身就含有二氧化碳、甲烷、二氧化氮等微量气体。这些气体能够吸收地面放出的长波辐射，并将其中一部分返回地面，从而使地面温度升高，因而对大气起保温作用。如果没有这种保温作用，全球地面平均气温将是 -18.5℃，而现在全球地面平均气温是15.0℃。因此，大气本身就是一个温室，我们把二氧化碳、甲烷、二氧化氮等微量气体叫作温室气体。

大气中的温室气体由于人类燃烧化石燃料而逐年增多了，这些多余的温室气体把大气的温度过多升高了。因此严格地讲，人类活动引起的温室效应应该叫作增强的温室效应。

人类活动产生温室气体的来源有：化石能源燃烧、化石能源开采、工业生产、农业和畜牧业生产、废弃物和土地利用等。

乱砍滥伐、破坏植被也是全球变暖的原因之一。植被破坏后，土壤吸热的能力变差，空气温度随之增高。

大气污染也是全球变暖的原因之一。很多污染物有温室效应，由此形成的城市热岛加剧了全球变暖。

科学家对全球逐年地面平均气温进行了模拟研究，认为近百余年的全球变暖，有自然原因，也有人类活动的影响。可以说，如果没有人类活动的影响，就不会出现现在这样严重的全球变暖现象。因此，人类需要认真检讨自己的失误，并且采取措施纠正自己的过失。

三、全球变暖的影响

全球变暖带来的影响有：
（1）极端高温事件增多，其他极端事件，如雷暴、沙尘暴、厄尔尼诺现象也增多。
（2）降水分布复杂化。
（3）海平面上升。
（4）冰雪和冰川融化，冰川退缩，冻土退化。
（5）湖泊水位下降，面积萎缩。
（6）水资源紧缺。
（7）农业生产复杂化。
（8）影响人类健康。
（9）生态系统难以适应。
（10）社会矛盾加剧。

四、遏制全球变暖的主要应对措施

1. 开展国际合作

鉴于温室效应对全球气候变暖的作用，联合国和有关国家已积极行动起来，采取多种措施以防止温室效应的加剧。

1992年，联合国在环境与发展会议上达成了《气候变化框架公约》，规定世界各国有共同但有区别的责任。所有工业化国家，应在2000年前将二氧化碳排放量降低到1990年水平，并向发展中国家提供技术和资金。因为近百年来全球大气中二氧化碳浓度的迅速升高，绝大部分是发达国家排放造成的。

在1997年12月11日结束的联合国气候变化框架公约缔约方第三次大会上（日本京都会议），发展中国家和发达国家展开了尖锐紧张的斗争，最后发达国家做出让步，难产的《京都议定书》终于得到通过。议定书规定，所有发达国家应在2010年把6种温室气体（二氧化碳、一氧化二氮、甲烷和三种氯氟烃）的排放量比1990年的水平减少5.2%。这虽与发展中国家要求到2010年减少15%，到2020年再减少20%的目标相差很大，但毕竟这是一份具有约束力的国际减排协议。

2007年12月3日至15日，联合国气候变化大会在印尼巴厘岛举行。会议通过了28项决议，内容涉及适应气候变化基金、减少发展中国家因森林砍伐造成的温室气体排放、技术转让、能力建设、《京都议定书》下的灵活机制、国家通信、财务和行政问题和执行《公约》的长期行动等。会议通过了一个"巴厘岛路线图"，其主要内容为：就2012年《京都议定书》第一个承诺期结束后的新的国际合作协议谈判做出了安排；确定了到2012年气候变化国际合作活动的主要内容；要求发达国家根据其国情，以可测量、可报告和可核实的方式做出承诺或采取行动，其中包括提出定量的温室气体限排和减排目标；发展中国家在可持续发展的前提下采取合适的减排行动，同时对这种行动以可测量、可报告和可核实的方式提供技术、资金和能力建设方面的支持。

2. 减少大气中的二氧化碳

地球上可以大量吸收二氧化碳的是海洋中的浮游生物和陆地上的森林。为减少大气中过量的二氧化碳，人们一方面应当尽量节约能源，以减少对化石燃料的消耗；另一方面应当保护好森林和海洋，比如不让海洋受到污染以保护浮游生物的生存。

人们还可以通过植树、减少使用一次性木筷、节约纸张、不破坏城市植被等行动来保护陆地植物，使它们多吸收二氧化碳，以帮助减缓温室效应。

有的科学家提出在海洋中增加海藻的生长，因为海藻能大量吸收二氧化碳以进行自身的光合作用。美国海洋生物学家约翰·马丁经实验研究后，大胆提出了控制全球气候的设想。他认为，既然在一瓶海水中加入少量铁可使浮游植物生长，也许人类可以使那些海洋中的不毛之地变得郁郁葱葱，成为海洋中的雨林，丰盛的植物群会从大气中吸收大量的二氧化碳，这样就可以使地球的温室效应减弱。

目前，减少二氧化碳最切实可行的办法是：广泛植树造林，加强绿化，停止滥伐森林；利用光合作用大量吸收和固定大气中的二氧化碳；利用化学反应来吸收二氧化碳。但这些方法在技术上都不成熟，在经济上更难大规模实行。

此外，还可以通过限制汽车尾气排放、改变能源结构、使用清洁能源等方法，以减少温室气体排放。

3. 适应气候变化

适应气候变化，这是无论如何必须考虑的问题。例如，除了建设海岸防护堤坝等工程技术措施以防止海水入侵外，有计划地逐步改变当地农作物的种类和品种，以适应逐步变化的气候也是可行的。如日本北部因为夏季过凉，过去并不种植水稻，或者产量很低。但是由于培育出了抗寒抗逆品种，现在连最北的北海道不仅也能长水稻，而且产量还很高。

由于气候变化是一个相对缓慢的过程，我们需要及早地预测出气候变化趋势，并研究和制定适应的对策，长期而有效地执行。

排放与大气污染

查阅资料深入了解温室效应带来的影响，思考你能为减少温室效应做些什么。

一、判断题

（一）发展中国家技术水平落后是造成全球气候变化的最主要原因。　（　）

（二）减少二氧化碳最可行的办法是植树造林。　（　）

二、名词解释

（一）干洁空气：

（二）天气：

三、思考题

（一）地球大气在垂直方向上是如何组成的？

（二）全球变暖的原因有哪些？

（三）针对全球变暖，人类可以采取哪些应对措施？

四、拓展题

请你查阅资料，说说我国空气质量的现状与存在的问题，有哪些可行的措施？

参考答案

第五章　生命的起源在哪里？

——海洋部分

导语

我们居住的地球上，有陆地和海洋。海洋比陆地大得多，地球的表面积为5.1亿平方千米，海洋占据了其中的70.8%，剩余的陆地面积仅为地球表面积的29.2%。所以，宇航员从太空中看到的地球是一个蓝色的"水球"，而我们人类居住的广袤陆地实际上不过是点缀在一片汪洋中的几个"岛屿"而已。

生命起源于海洋

海洋是怎样形成的？为什么人们总说生命起源于海洋呢？下面我们来寻找答案。

导学

一、教学目标

（一）知识目标：了解生命演化过程。

（二）能力目标：知晓世界海洋面临的主要威胁。

（三）素质目标：学习可以采取哪些措施，有效治理海洋污染。

二、教学重点

海洋环境质量。

三、教学难点

保护海洋的对策与措施。

第一节　生命的起源与演化

一、生命起源于海洋

水是生命活动的重要成分，海水的庇护能有效防止紫外线对生命的杀伤。生命起源于海洋。

大约在45亿年前的原始地球，天空烈日似火，电闪雷鸣，地面熔岩滚滚，火山喷发，这种自然现象成了生命起源的"催生婆"。巨大的热能，促使原始地球上各种物质激烈地运动和变化，孕育着生机。原始地球由于不断散热，灼热的表面逐渐冷却下来，原来从大地上"跑"到天空中去的水凝结成雨点，又降落到地面，持续了许多亿年，形成了原始海洋。

大约在38亿年前，当地球的陆地上还是一片荒芜时，在咆哮的海洋中就开始孕育了生命——最原始的细胞，其结构和现代细菌很相似。在降雨过程中，氢、二氧化碳、氨和甲烷等，有一部分带入原始海洋；雨水冲刷大地时，许多矿物质和有机物陆续随水汇入海洋；大量的有机物源源不断产生出来，海洋就成了生命的摇篮。

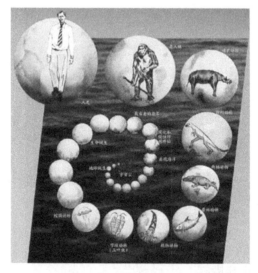

生命的起源

二、海洋生命的大发展

距今约32亿年前，在原始海洋里，已经出现了细菌和简单藻类的单细胞生物，至今还广泛生长的蓝藻，仍然保留着当初的那种原核生物状态。

蓝藻的出现几乎是一件和生命出现同等重要的大事，因为它能够吸收阳光，利用太阳能把溶解在海水里的化学物质变成食物。

18亿年前到13亿年前的这一段时间里，出现了有细胞核的真核生物——绿藻、红藻等。真核生物的出现，预示着一个熙熙攘攘的生命大繁荣时期即将到来。

藻类进行光合作用，放出大量氧气，在地面上形成臭氧层，减弱了日光中紫外线对生物的威胁力，使水生生物有可能发展到陆地上来，也为低等动物的出现提供了食物。

有鞭毛的单细胞生物，如裸藻，能利用鞭毛不停地转动，还有个能感光的眼点，人们叫它眼虫，是动物；但它又有叶绿素，能利用阳光进行光合作用，为自己制造食物，又是毫不含糊的植物。这种既像动物又像植物的双重性现象，充分证明了动植物的共同祖先，就是如同眼虫之类的远古时代的原始单细胞生物。

一部分原始有鞭毛的生物，后来逐渐失去光合作用的能力，增强了运动和摄食的本领，于是就产生了最早的原生动物，像现今还保留着10多亿年前原始状态的变形虫等。

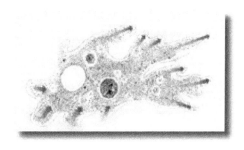

变形虫

由于细胞结构的不断分化，导致了营养方式上的一分为二：一支发展为自己具有制造养料的器官（如叶绿体），朝着完全"自养"方向发展，成了植物；另一支则增强运动和摄食本领以及发达的消化机能，朝着"异养"方向发展，成了动物。

动植物的分家是生物进化史上的第4次大分化。这些藻类和变形虫，预示了地球上将要出现郁郁葱葱的植物界和千姿百态的动物界，它们相互依赖、相互制约、相互竞争，不断发展，日趋繁荣。

从5亿年前到1.3亿年前这一时期，地球上浅海广布，水生动物大发展，成为无脊椎动物的全盛时期。这些水生动物的最大特点是细胞有了分工，形成了各种器官。这些水生动物体内有了完整的消化系统、生殖系统，还有了简单的神经系统和循环系统，如海星、海胆、海参等棘皮动物，它们和后来的脊椎动物血统最近。这时的海洋世界热闹非凡。

无脊椎动物是门类众多体型、多样的低等动物的总称。纵观它们产生发展的历史，可以清楚地知道，新的类型不断产生和发展，旧的类型不断衰退和灭绝。它们最初生活在海洋里，以后又向陆地上的江河湖泊和沼泽过渡，最终发育出气管、肺、翅膀等适应陆上呼吸和飞行的器官，终于登陆上岸繁衍生息，这就为后来陆生脊椎动物的出现开辟了道路。

三、脊椎动物的出现

在距今4.3亿年到3.45亿年间，地壳发生了剧烈的造山运动，海面缩小，陆地广泛出现，气候变得干燥炎热。

这个时期，水族里发生了非常重要的事件。在我国东南沿海一带海域，至今还生活着一种身体半透明的小动物，因为它首先在我国文昌县发现，所以叫文昌鱼。达尔文曾把它称为"最伟大的发现"，因为它"提供了揭示脊椎动物的钥匙"。

文昌鱼

文昌鱼并不是真正的鱼，它没有脊椎骨，只有一条纵贯全身的脊索作为支撑身体的支柱，这条支柱代表了脊椎的先驱。在它以后发展起来的动物，像鱼、鸟、兽等，以至于人都是脊椎动物。这些脊椎动物的器官和机能千差万别，但脊椎的构造基本相同。

在文昌鱼的基础上进化发展出现了鱼类。鱼，有了一根真正支撑身体的大梁——脊梁骨（脊柱），埋藏在脊柱背面有一条柔软的脊髓和向前膨大所进化形成的脑。这一新形成的高度发达的神经中枢，使动物空前地聪明了起来。鱼成了当时地球上最高等的动物。在这以后的5 000万年，可以叫作鱼的时代。

大约在3亿年前的地层化石中，发现了一种奇怪的鱼化石——总鳍鱼。总鳍鱼有两大特点：一是它的胸鳍和腹鳍的骨骼排列方式和现在的青蛙的四肢骨基本相同，这种强有力的鳍，便于在陆地上支撑和移动身体；二是总鳍鱼能用鳔直接呼吸空气。

3亿多年前，气候温暖，有些地区由于植物腐烂，水中缺氧，不适宜鱼类生存。这就迫使总鳍鱼去寻找另一个适合生存的空间。

从裸藻类登陆扎根以后，逐渐缓慢地长出了第一批巨大的陆生植物，形成了大片的沼泽森林。

这个陌生世界对并非游泳能手的总鳍鱼来说具有很大的诱惑力。它们终于在能呼吸到新鲜空气的陆地上住了下来。于是世世代代传下去，胸鳍和腹鳍变成了四肢，鳃退化了，鳔变成了肺，最后形成了新的类群——两栖类。

四、陆地动物大展宏图

距今 2.7 亿年到 1.35 亿年是生物界进化的主要时期。这时，由两栖类进化成的爬行动物出现了。从化石上看，这一阶段是恐龙的时代。

恐龙在地球上至少生存了 1.6 亿年，一度成为统治地球的主人。恐龙可分为吃植物的和吃动物的两类：吃植物的恐龙如鸭嘴龙、甲龙等；吃动物的恐龙如霸王龙、恐爪龙等。恐龙所吃的是与恐龙同时代的一些裸子植物和"龙肉"（食植物性恐龙被食动物性恐龙所捕食）。

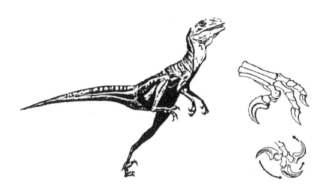

恐爪龙

恐龙的大小不一，有的体型很大，如生活在 1.4 亿年前的合川马门溪龙（产于我国四川省合川县），身高 3.5 米，体长 22 米，体重至少有 30～40 吨。小型恐龙如鹦鹉嘴龙，整个身体仅有一只小狗那么大。

五、生命发展的新纪元

生物的进化并不像现代人爬楼梯，由这一层楼梯的顶端到另一层的楼梯，而是由这一类群的祖先型向另一类群过渡。鸟类是由早期爬行类的一支进化而来的。最早的鸟类化石就是世界闻名的始祖鸟。

在恐龙称霸的年代里，另一支从最初爬行类发展出来的小动物——犬颌兽已经开始活动了，它们是长了四条腿的肉食动物，只有老鼠那么大。它和始祖鸟有两大共同特点：一是全身长着绒毛或羽毛；二是它们是恒温动物，不管外界环境温度高或低，它们始终保持恒定的体温。这一类小动物就是哺乳动物。

后来地壳发生了很大变化，火山爆发、山脉隆起、冰河横扫、海水涨退，再加上许多至今仍不清楚的原因，地球的气候和生存环境急剧恶化。曾经不可一世、称霸了 1.6 亿年的巨大恐龙几乎全部灭绝。

始祖鸟与现代鸟类比较

　　身体体温只能根据外部环境的冷暖来变化的变温动物，抵挡不了寒冷的侵袭，要么死去，要么冬眠。而长了毛的，有恒定体温的恒温动物——哺乳动物和鸟类，显然体现了自身的优越性。于是，鸟类和哺乳类开始了大发展、大扩散……

　　距今 700 万年左右，哺乳类动物进入了极盛时期，它们占据了地球的每一个角落：高山上的羚羊，草原上的牛、羊，原野上的骏马，空中的蝙蝠，地下的鼹鼠以及重新返回海洋的鲸、海豚和海豹等。谁将是新世界的统治者呢？在非洲和亚洲的森林里，攀着树枝摇来荡去的灵长类是最有希望的。在距今 300 万年前，地球又发生了变化，冰雪从北部和山地向南方的平原扩展，那些不耐寒，又来不及退却的生物都死亡了。居住在树上的灵长类向南方的森林转移，其中一种古猿开始从树上下到地面生活。当冰雪又一次从北方袭来的时候，古猿分成了两支。一支继续向南方的森林转移，继续过着适合森林环境的树上生活，发展成今天的长臂猿、大猩猩和黑猩猩，它们和人类极其相似；而另一支古猿则适应了地面生活，即便没有森林，它们也照样能够谋生。它们终于熬过艰苦和严寒的岁月，前赴后继，一代又一代顽强地生活下来，终于进化成人类的近祖——猿人。

　　最早的猿人从制造简单的工具开始走上向人进化的道路。劳动使猿人脱离了动物状态，进入了人的世纪。近代古人用自己的劳动和智慧，不断制造和革新工具，把大自然改造得更适合自己生活。

　　现在我们来回顾一下整个生命起源和进化、演变的漫长历程。同本书开篇时一样，我们做个有趣的假设，把地球生成以来的漫长的地质年代，"压缩"到一年 12 个月内，

可以归纳为:

1月地球形成,2月地壳凝结,3月原始海洋产生,4月最初的生命出现,5月最早的化石形成,12月中旬恐龙主宰一切,12月下旬最早的灵长类出现,最后一天人才开始出现。事实上,真正脱离动物变为人,应是12月31日夜晚10点钟左右。

海洋中的食物链

生物进化谱系树

第二节 海洋面临的威胁

从地球上生命的起源到人类社会的形成,从生产力低下的原始社会到科技发达的现代社会,人与水结下了不解之缘。随着全球人口的不断膨胀和耕地的逐渐减少,资源问题日渐突出。科学家们不得不把解决这一问题的希望寄托于广袤的海洋,海洋是人类的资源宝库。21世纪将是一个海洋经济时代。但是,海洋也面临着人类工业文明带来的种种威胁。

一、渔业资源衰退

海洋渔业资源是人类开发利用海洋最早的领域,随着全球人口的急剧增加,以及对海洋资源合理开发与利用缺乏深刻的科学认识,从而导致对海洋渔业资源的过渡捕捞,造成了当前全球海洋渔业资源日益明显的衰退现象。

以我国为例,由于近20年来在我国沿岸近海的渔捞失控,甚至是滥渔滥捕,从而造成我国近海渔业资源的明显衰退。主要表现为:

(1) 海区的鱼群分布密度日趋降低。

(2) 渔获物质量日趋恶化。优质和劣质渔获物之比,20世纪50年代为8∶2,60年代为6∶4,70年代为4∶6,80年代为2∶8,21世纪以来为1.5∶8.5。

(3) 渔获物中主要经济鱼类年龄组成趋于低龄化、早熟化及个体小型化。传统经济鱼类的产量逐年降低,优势种类逐渐减少甚至变成稀有种类。

产生上述变化的原因是:

(1) 滥渔滥捕,渔船大量增多。

(2) 环境污染严重。无机氮、无机磷、油类和某些重金属均大大超标,造成水质下降,鱼类即使没被毒死,也集聚了超量的有毒、有害物质,最后转嫁给人类。

(3) 管理不力,执法不严,宣传教育不够。

二、海洋环境质量退化

1. 海洋污染的特点

由于海洋的特殊性，海洋污染与大气污染和陆地污染有很多不同，有其突出的特点：

第一是污染源广。除人类的海洋活动外，人类在陆地和其他活动方面所产生的各种污染物，也将通过江河径流入海或通过大气扩散和雨雪等降水过程，最终汇入海洋。

第二是持续性强。海洋是地球上地势最低的区域，它不可能像大气和江河那样，通过一次暴雨或一个汛期使污染得以减轻，甚至消除。一旦污染物进入海洋后，很难再转移出去，不能溶解和不易分解的有害物质在海洋中越积越多，它们可以通过生物的浓缩作用和食物链传递，对人类造成潜在威胁。

第三是扩散范围广。全球海洋是相互连通的一个整体，一个海域出现的污染，往往会扩散到周边海域，甚至扩大到邻近大洋，有的后期效应还会波及全球。比如海洋遭受石油污染后，海面会被大面积的油膜所覆盖，阻碍了正常的海洋和大气间的交换，有可能影响全球或局部地区的气候异常。

第四是防治难，危害大。海洋污染有很长的积累过程，不易及时发现，一旦形成污染，需要长期治理才能消除影响，且治理费用较大，造成的危害会波及各个方面，特别是对人体产生的毒害更是难以彻底清除。

2. 海洋污染物的种类

污染海洋的物质众多，从形态上分为废水、废渣和废气。根据污染物的性质和毒性，以及对海洋环境造成危害的方式，大致可以把污染物分为以下几类。

石油及其产品 包括原油和从原油中分馏出来的溶剂油、汽油、煤油、柴油、润滑油、石蜡、沥青等，以及经过裂化、催化而成的各种产品。目前，每年排入海洋的石油污染物约1 000万吨，主要是由工业生产以及海上油井管道泄漏、油轮事故、船舶排污等造成的。

重金属和酸碱 包括汞、铜、锌、钴、镉、铬等重金属，砷、硫、磷等非金属以及各种酸和碱。由人类活动而进入海洋的汞，每年可达万吨，已大大超过全世界每年生产约9 000吨汞的记录。随着工农业的发展，通过各种途径进入海洋的重金属和非金属，以及酸碱物的量呈增长趋势，加速了对海洋的污染。

农药 包括农业上大量使用含有汞、铜以及有机氯等成分的除草剂、灭虫剂，以及工业上应用的多氯酸苯等。这一类农药具有很强的毒性，进入海洋后经海洋生物体的富集作用，通过食物链又会进入人体，产生的危害性就更大。

有机物质和营养盐类 这类物质比较繁杂，包括工业排出的纤维素、糖醛、油脂，生活污水的粪便、洗涤剂和食物残渣，以及化肥的残液等。这些物质进入海洋，造成海水的富营养化，能促使某些生物急剧繁殖，大量消耗海水中的氧气，易形成赤潮，继而引起大批鱼虾贝类的死亡。

放射性核素　是由核武器试验、核工业和核动力设施释放出来的人工放射性物质，主要是锶-90、铯-137等半衰期为30年左右的同位素。在较强放射性水域中，海洋生物通过体表吸附或通过食物进入消化系统，并逐渐积累在器官中，通过食物链作用传递给人类。

固体废物　主要是工业和城市垃圾、船舶废弃物、工程渣土和疏浚物等。这些固体废弃物严重损害近岸海域的水生资源和破坏沿岸景观。

废热　工业排出的热废水造成海洋的热污染，在局部海域，如有比原正常水温高出4℃以上的热废水常年流入时，就会产生热污染，将破坏生态平衡和减少水中溶解氧。

上述各类污染物质大多是从陆上排入海洋的，也有一部分是由海上直接进入或是通过大气输送到海洋的。这些污染物质在各个水域分布是极不均匀的，因而造成的不良影响也不完全一样。

三、赤潮灾害

1. 什么是赤潮

赤潮，又称红潮，国际上也称为"有害藻类"或"红色幽灵"。它是在特定的环境条件下，由海水中某些浮游植物、原生动物或细菌爆发性增殖或高度聚集而引起水体变色的一种有害生态现象。

发生赤潮的海面颜色一定是红色的吗？其实并不都是红色的，赤潮的颜色主要由引起赤潮的海洋浮游生物的种类来决定的。由夜光虫引起的赤潮呈粉红色或棕红色，而由某些硅藻引起的赤潮呈黄褐色或红褐色，由某些双鞭毛藻引起的赤潮呈绿色或褐色，而由膝沟藻引起的赤潮，海水颜色没有明显的变化。所以赤潮并不是像它的名称那样，都是红色的。

2. 赤潮的成因

赤潮的发生主要是生物、化学和物理等因素综合作用造成的。

在生物因素方面，赤潮生物"种子"群落是赤潮发生的最基本的生物因子。赤潮种子可以是在所在海区已存有的赤潮生物细胞和底栖休眠孢囊，也可以是其他海区迁移和扩散过来的。

在化学因素方面，水体中的营养盐，主要是氮和磷、微量元素（如铁和锰）、特殊有机物（如某些维生素和蛋白质）的存在形式和浓度，直接影响着赤潮的生长、繁殖与代谢，它们是赤潮形成和发展的物质基础。

在物理因素方面，水体相对稳定、水体交换率低以及适宜的水温和盐度等，都是产生赤潮的环境条件。

3. 赤潮的危害与防治

在海洋中一旦发生赤潮，就会给海洋环境乃至人们的生活造成严重的危害。高度密集的赤潮生物，可能堵塞鱼、贝类的呼吸器官，造成鱼、贝类窒息死亡。有些赤潮生物能分泌毒素和其他有害物质，毒害和杀死海洋中的动植物。赤潮生物的残骸在海水中氧化分解，会消耗了海水中的溶解氧，从而造成缺氧环境，威胁其他海洋生物的生存。当人们食用了积聚了赤潮毒素的海产品，例如蛤类，会造成食物中毒，严重的甚至会死亡。

从现在人们的研究成果看，认为赤潮与海洋污染有密切的关系。携带各种有机物和无机营养盐的城市生活污染和工业废水大量排放入海，导致海区富营养化，是引发赤潮的基本原因。在目前，赤潮一旦发生，要清除是十分困难的。而防范赤潮的最好办法是切实控制沿海工业和生活污水的任意排入，特别是要控制氮、磷和其他有机物的排放量，以避免海区的富营养化，以预防赤潮的发生。

四、海域周边生态环境破坏

1. 破坏红树林

红树林是一种稀有的木本胎生植物，它生长于陆地与海洋交界带的滩涂浅滩，是陆地向海洋过渡的特殊生态系统。

红树林

对于海洋来说，红树林重要的生态效益就是它具有防风消浪、促淤保滩、固岸护堤、净化海水和空气的功能。其盘根错节的发达根系能有效地滞留陆地来沙，减少近岸海域的含沙量；茂密高大的枝体宛如一道道绿色长城，有效抵御风浪袭击。

我国以广西壮族自治区红树林资源量最为丰富，其红树林面积占全国红树林面积的三分之一。无论是种类还是分布范围，在太平洋西岸，我国的红树林都具有代表性。

近40年来，特别是最近10多年来，我国由于围海造地、围海养殖、砍伐等人为因素，红树林面积由40年前的4.2万公顷减少到1.46万公顷，不及世界红树林面积的千分之一。在《海洋环境保护法》和《国家海域使用管理暂行规定》颁布实施多年的今天，有些人仍然无视国家法规，急功近利，在大片地砍伐红树林，包括几个国家级红树林自然保护区都遭到不同程度的砍伐破坏，其中尤以广西壮族自治区砍伐红树林为甚。

因此，只有提高《国家海域使用管理暂行规定》的法律地位，使我们的蓝色国土海洋也同陆域土地一样具有同样的法律地位，才能有效地控制滩涂海域"无法、无偿、无序"的开发使用状态，才能更有效地保护包括红树林在内的滩涂和海洋资源环境。

2. 滥采珊瑚礁

海域沿岸珊瑚礁的破坏，不仅破坏了原有海区的生态平衡，而且给邻近区域的人民生活和产业发展造成了严重影响。

邦塘湾是我国海南岛热带海滨中较为典型的岸段，沿岸椰林茂密，而且邻近海域有500余公顷的珊瑚礁。由于水陆交通便利，珊瑚礁破坏极为严重，目前这一带近岸的珊瑚礁已所剩无几，濒临灭绝。

由于珊瑚礁的乱采、滥挖，海洋动植物赖以生存的家园遭受破坏，许多珊瑚礁鱼类、贝类资源锐减，岸上的椰林随海岸侵蚀遭受严重破坏，滨海旅游景观价值大为降低。

珊瑚礁遭到破坏，主要原因在于：缺乏对海岸带资源，尤其是珊瑚礁资源的保护和管理；缺乏海洋科学知识，对珊瑚礁的护岸、消浪、聚鱼和固沙功能认识不足；追求眼前的经济效益，轻视生态效益；海洋环境法制观念淡泊。

第三节 保护海洋

一、《联合国海洋法公约》的颁布

在联合国的历史上，至今为止一共举行过三次海洋法会议，直至1982年4月30日通过了《联合国海洋法公约》。

第一、二次海洋法会议，由于当时历史条件所限，参加会议的国家中，亚洲、非洲和拉丁美洲的发展中国家只占其中半数。会议通过的4项日内瓦海洋法公约，即《领海和毗连区公约》《公海公约》《公海渔业与生物资源养护公约》和《大陆架公约》，都不利于广大发展中国家，尤其是广大沿海国家维护主权和海洋权益。第三次海洋法会议是一次所有主权国家参加的全权外交代表会议，此外还有联合国专门机构的成员参加，一共有168个国家或组织参加了会议。会议通过的《联合国海洋法公约》是广大发展中国家团结斗争的结晶。

《联合国海洋法公约》是国际间多种势力相妥协的产物，难免存在一些不足之处，甚至严重缺陷，但总体而言，仍不失为迄今为止最全面、最综合的管理海洋的国际公约。该公约于1982年12月在牙买加开放签字，我国是第一批签字的国家之一。按照该公约规定，应在60份批准书或加入书交存之后一年生效。从太平洋岛国斐济第一个批准该公约，到1993年11月16日圭亚那交付批准书止，已有60个国家批准《联合国海洋法公约》，这就意味着该公约到1994年11月16日正式生效。我国于1996年5月15日批准该公约，是世界上第93个批准该公约的国家。

二、我国的海洋法制建设

为了实施对海洋的有效管理，中国加强了海洋领域的法制建设。新中国成立以来，我国全国人大先后通过了《中华人民共和国领海及毗连区法》《中华人民共和国海洋环境保护法》《中华人民共和国海上交通安全法》《中华人民共和国渔业法》《中华人民共和国矿产资源法》等海洋和涉海管理法律。国务院也制定了《对外合作开采海洋石油资源条例》《涉外海洋科学调查研究管理规定》《铺设海底电缆管道管理规定》和《矿产资源勘查区块登记管理办法》等行政法规。这些法律和行政法规的内容与《联合国海洋法公约》的原则和有关规定是一致的，它们的制定和实施，既维护了国家主权和海洋权益，也促进了海洋资源的合理开发和海洋环境的有效保护，使中国的海洋综合管理初步走上法制化轨道。

三、海洋保护区的兴建

由于海洋环境的严重污染，海洋资源的过度开发利用，海洋环境及其资源的严重破坏，近三十年来，不少沿海国家和地区相继建立起为数众多的各种类型的海洋保护区，这些保护区根据保护对象的不同，大致可分为：海洋生态系统保护区、濒危珍稀物种保护区、自然历史遗迹保护区、特殊自然景观保护区以及海洋环境保护区等。通过海洋保护区能完整地保存自然环境和自然资源的本来面貌，能维护、恢复、发展、引种、繁殖生物资源，能保存生物物种的多样性，能消除和减少人为的不利影响，因此各种海洋保护区的建立，为人类保护海洋环境及其资源，开辟了新的途径。

四、保护海洋就是保护人类自己

随着世界人口的急剧增长，以及人类物质生活水平的提高，各种工业垃圾和生活废物的数量正在成倍地增长。近50年来，人类向海洋倾倒的废物已为初期的20倍，这个增长幅度还在加大。尤其是来往于大洋间的数以10万吨计的超级油轮越来越多，一次触礁或撞船事故的发生，往往会造成几万至几十万吨以上石油的污染，严重威胁着海洋鱼类生物的生存。一些有害有毒物质长期在这些生物中聚积，一旦被人体吸入，将会导致大规模病害，影响人体健康。这些油轮即使不出事故，按惯例在卸完油后，在公海用海水清洗油舱后泄入海里的油垢，约为油轮装载量的1%，也就是说一条油轮装运100次所清洗油舱溢出的石油，等于发生了一次沉船事故泄漏出的全船石油。可见这种不易觉察的污染远远超过发生事故造成的污染，这仅仅是污染海洋的一种因素而已。

据资料表明，海上污染的80%来自陆地，陆源污染物向海洋转移，是造成海洋污染的主要根源。大量未经处理的陆地污染物直接或间接进入海洋的事例愈演愈烈，屡禁不止。除此以外，来自大气层中的烟尘和一些化学物质也源源不断地汇入海洋，某些国家沉放在深水区的放射性物质也有增无减。如今的海洋再也承受不了日益加重的污染负担，人类不能等到海洋的蓝色消失后，再来控制污染和整治海洋。

濑户内海是日本最大的内海，20世纪70年代初遭受严重污染，三分之一的海底是散发着腥臭味的污泥，铜、铅、汞等重金属含量高得惊人，几乎没有生物栖息场所，赤潮频频发生，鱼虾绝迹，一派萧条景象。日本政府在明确防治对策后，经过近20年的努力整治，使濑户内海重现生机。

英国泰晤士河是遭受现代工业化污染最早的一条世界著名河流,当年工业污水排泄沟到处横行,河水成为酱油色,散发阵阵臭味,鱼虾基本绝迹。从20世纪50年代开始,政府和企业界投入巨额资金,从综合治理入手,严格控制污染源,撤迁大批排泄废水的工厂,泰晤士河的污染状态得到有效控制。

上述两个事例说明,人类应该及早从失误中觉悟,按自然规律办事,不断提高科学文化素养,健全必要的法律法规,依法治理,才能还海洋一个清洁的水体,让海洋造福人类。

1. 依据发达国家治理海洋污染的案例,结合我国国情,思考如何采取有效措施治理我国的海洋污染。
2. 观看海洋污染的预防视频。

海洋污染的预防

一、判断题
(一) 蓝藻的出现,预示着生命大繁荣时期的到来。　　　　　　　(　)
(二) 赤潮的发生,完全是人为原因造成的。　　　　　　　　　　(　)

二、名词解释
(一) 赤潮:
(二) 红树林:

三、思考题
(一) 海洋污染的特点有哪些?
(二) 海洋污染物的种类有哪些?
(三) 海洋面临的威胁有哪些?

四、拓展题
请你查阅资料,了解海洋自然灾害以及防范对策。

参考答案

第六章 地球之肺还能医治吗?
——森林部分

导语

一只南美洲亚马孙河流域热带雨林中的蝴蝶，偶尔扇动几下翅膀，两周后有可能导致美国得克萨斯州一场巨大的龙卷风。1963年，美国麻省理工学院气象学家 Edward Lorenz 提出了著名的"蝴蝶效应"理论：事物发展的结果，往往对初始条件具有极为敏感的依赖性，初始条件的极小改变，将可能引起最终结果的极大差异。

一旦被触碰，这只袖蝶就会释放出含有氰化物的腐蚀性泡沫

然而，现在我们面临的并不仅仅是热带雨林一只蝴蝶的问题，如果整个热带雨林消失，将给地球带来什么样的影响呢？

蜿蜒的河流穿过雨林

一、教学目标
（一）知识目标：了解世界森林资源的现状。
（二）能力目标：知晓热带雨林的功能。
（三）素质目标：学会分析热带雨林减少的原因及后果。

二、教学重点
分析我国森林资源的分布与主要问题。

三、教学难点
了解世界热带雨林的分布及现状，提出遏制热带雨林急剧减少的有效对策。

第一节 世界的森林资源

与 8 000 年前相比,全球森林的面积足足减少了 80%。也就是说,每两秒钟,就有一片足球场大小的森林从地球上消失。

一、森林的重要作用

森林资源是地球上最重要的资源之一,是生物多样化的基础,它不仅能够为生产和生活提供多种宝贵的木材和原材料,还能够为人类经济生活提供多种物品;更重要的是森林能够调节气候,保持水土,防止或减轻旱涝、风沙、冰雹等自然灾害,还有净化空气、消除噪音等功能;同时,森林还是天然的动植物园,哺育着各种飞禽走兽,生长着多种珍贵林木和药材。森林可以更新,属于可再生的自然资源,是一种无形的环境资源和潜在的"绿色能源"。森林作为一个生态系统,是地球表面生态系统的主体,在多方面的生态防护效能上有着不可替代的重要作用,另外,地球表面生态圈的平衡也要依靠森林维持。

二、森林资源的现状

1. 世界森林资源的分布

森林资源数量的多寡,直接表明一个国家或地区发展林业生产的条件、森林拥有量情况及森林生产力等。反映森林资源数量的指标主要有:林地、林地面积、森林覆盖率、木材蓄积量、森林生长量等。

2010 年全球平均的森林覆盖率为 22%,北美洲为 34%,南美洲和欧洲均为 30%,亚洲为 15%,太平洋地区为 10%,非洲仅 6%。全球森林总面积约为 40 亿公顷,约占土地面积(不含内陆水域面积)的 31%,人均森林面积为 0.6 公顷。全球人工林面积 2.64 亿公顷,约占世界森林面积的 7%。从森林功能来看,全球商品林面积接近 12 亿公顷、生物多样性保护林面积超过 4.6 亿公顷、防护林面积 3.3 亿公顷,分别占世界森林面积的 30%、12% 和 8%。从森林权属来看,公有林面积占世界森林面积的 80%。全球森林碳储量达到 2 890 亿吨,世界森林资源蓄积推算约为 4 300 亿立方米。

世界森林面积的分布极不均衡。全球超过 50% 的森林资源集中分布在 5 个国家,中国是其中之一，列俄罗斯、巴西、加拿大和美国之后，位居第五。俄罗斯2000年拥有的森林面积占全球的22%，占全球温带林的43%。

森林覆盖率最高的国家是南美洲的圭亚那，达到97%；森林覆盖率最低的国家是非洲的埃及，仅十万分之一；森林覆盖率增长最快的国家是中国。

南美洲共拥有全球21%的森林和45%的热带森林。中部非洲共拥有全球森林的8%、全球热带森林的16%。东南亚拥有全球热带森林的10%。

2. 世界森林资源的现状

由于人类活动的影响，全球森林呈衰减状态，从1990年的39.6亿公顷下降到2000年的38亿公顷。进入21世纪，虽然森林退化和消失的速度有所减缓，但全球每天仍有将近200平方千米的森林消失，每年消失的森林近千万公顷。虽然从1990—2000年的10年间，人工林年均增加了310万公顷，但热带和非热带天然林却年均减少了1 250万公顷。

巴西每年丧失的森林高达230万公顷，仅2000年就生产了1.03亿立方米的原木。

中部非洲1990年森林总面积达3.3亿公顷，2000年森林总面积为3.11亿公顷，10年间年均减少190万公顷。

东南亚1990年森林总面积为2.35亿公顷，2000年森林总面积为2.12亿公顷，10年间年均减少233万公顷。

由于亚洲森林面积的恢复，世界范围内的森林退化现象有所减轻。中国、越南、菲律宾和印度森林面积的增加，弥补了非洲和拉美森林面积的减少。尽管如此，世界上生态系统的生物多样性仍然面临很大威胁。

3. 我国森林资源的分布

中国森林资源的地理分布不均衡，地区差异很大。全国绝大部分森林资源集中分布于东北、西南等边远山区和台湾山地及东南丘陵，森林覆盖率达28%~38%；华北、中原及长江、黄河下游地区为7%；西北干旱、半干旱地区森林资源极少，仅为1.4%。2019年，全国森林覆盖率约为22.96%，最高的福建省约为66.8%。

我国国土辽阔、地形复杂、气候多样，森林资源的类型多种多样，树种共达8 000余种，其中乔木树种2 000多种，经济价值高、材质优良的就有1 000多种。珍贵的树种如银杏、银杉、水杉、水松、金钱松、福建柏、台湾杉、珙桐等均为中国所特有。经济林种繁多，橡胶、油桐、油茶、乌桕、漆树、杜仲、肉桂、核桃、板栗等都有很高的经济价值。

森林资源结构不够合理，用材林面积的比重占73.2%，经济林占10.2%，防护林占9.1%，薪炭林占3.4%，竹林占2.9%，特殊用途林占1.2%。经济林、防护林、薪炭林的比重低，不能满足国计民生的需要。中国林地的生产力水平低，发达国家林地利用率多在80%以上，中国仅为42.2%；世界平均每公顷蓄积110立方米，中国为90立方米；每公顷年生长量，发达国家均在3立方米以上，中国仅为2.4立方米。

4. 我国森林资源面临的主要问题

一是森林资源总量不足。我国森林覆盖率只有全球平均水平的2/3，排在世界第139位；人均森林面积0.145公顷，不足世界人均占有量的1/4；人均森林蓄积10.151立方米，只有世界人均占有量的1/7。乔木林生态功能指数为0.54，生态功能好的仅占11.31%，生态脆弱状况没有根本扭转。生态问题是制约我国可持续发展最突出的问题之一，生态产品依然是当今社会最短缺的产品之一，生态差距依然是我国与发达国家之间最主要的差距之一。

二是森林资源质量有待提高。乔木林每公顷蓄积量为85.88立方米，只有世界平均水平的78%，树木平均胸径仅13.3厘米，人工乔木林每公顷蓄积量仅为49.01立方米，龄组结构不尽合理，中幼龄林比例依然较大。森林可采资源少，木材供需矛盾加剧，森林资源的增长远不能满足经济社会发展对木材需求的增长。

三是林地保护管理压力增加。清查间隔五年内林地转为非林地的面积虽比第六次清查有所减少，但依然有831.73万公顷，其中有林地转为非林地面积为377.00万公顷，征占用林地有所增加，局部地区乱垦滥占林地问题严重。

四是营造林难度越来越大。我国现有宜林地质量好的仅占13%，质量差的占52%；全国宜林地60%分布在内蒙古和西北地区。今后全国森林覆盖率每提高1个百分点，需要付出更大的代价。

"世界森林日"历届主题

第二节 地球之肺——热带雨林

热带雨林是地球上一种常见于赤道附近热带地区的森林生态系统。今天的热带雨林仍覆盖着地球上广大的地区，特别是在南美洲的亚马孙河流域，仍存在着一望无际的大片热带雨林，与世界上其他类型的植被相比，它仍然是覆盖面积最大的植被类型。然而，与几百年前相比，现今的热带雨林已经大为减少，在很多地方变成了小块片段甚至消失殆尽。

一、热带雨林及其经济价值

1. 热带雨林

在地球赤道的南北两边，有几片终年湿润的土地，那里气候炎热潮湿，雨水充沛，为植物的生长提供了非常优越的环境条件。在这些地区，茂密的森林终年常绿，宛如环绕地球的一条翡翠项链，这就是热带雨林。

其实，热带雨林不仅美丽，而且也很神秘，因为那里的环境气候一般人很难适应，人们大多不愿光顾，因此这些地区很多仍处于原始状态。但最重要的是热带雨林作为我们地球生物圈中的主要角色，它不仅养育着数量庞大的动物种群，其本身在生长过程中还向大气中源源不断地供给着生命赖以生存的氧气。因此，热带雨林还有一个别称——"地球之肺"。

19世纪，德国植物学家辛伯尔广泛收集和总结了热带地区的科学发现和各种资料，把潮湿热带地区常绿高大的森林植被称为热带雨林。

热带雨林具有独特的外貌和结构特征，与世界上其他森林类型有明显的区别。热带雨林主要生长在年平均温度24℃以上，或者最冷月平均温度18℃以上的热带潮湿低地，其分布的地区，年降雨量很高，通常高于1 800毫米，有些地方达3 500毫米。

2. 热带雨林的功能

对于人类来说，广袤的雨林是丰饶繁茂、看起来取之不尽的生态系统，可以为我们源源不断地供应木材、香料、水果、药物等奇珍异宝。尽管我们在热带雨林的研究方面已取得了一些进展，但发现的脚步却总是十分缓慢。

热带雨林对调节当地和全球的气候起着十分重要的作用。热带雨林拥有全球生物量的69%，吸收大量二氧化碳，释放大量的氧气。专家指出，热带雨林的减少意味着全球范围内的环境恶化。如果亚马孙雨林的森林被砍伐殆尽，地球上维持人类生存的氧气将减少1/3。如果雨林全部消失，我们所有的地球人都会体验到高原反应。

雨林是地球上巨大的有机碳库，原始森林和森林里的土壤都是巨大的碳存储地，它们共存有3 000亿吨的碳，是每年通过燃烧化石燃料和生产水泥所释放到大气中的碳的25倍。每年森林和海洋要吸收48亿吨二氧化碳，固碳能力是全球森林系统的2/3，相当于由于森林破坏而造成的温室气体排放占到了总排放量的近1/5。森林破坏不可逆转地将其储存的碳以二氧化碳的形式释放到大气中。森林破坏造成的温室气体排放，占排放总量的20%，已经超过了全球交通系统所造成的排放。全球森林破坏导致了世界1/5的二氧化碳排放，而停止森林破坏是人类应对温室效应最便捷的方式之一。

雨林在地球水循环中起着非常重要的作用。一棵大树每天蒸腾到空气中的水分有760升，0.4英亩的雨林一天有76 000升的水分蒸腾而组成云的成分，这是相同面积的大海水汽蒸发量的20倍;仅亚马孙雨林所蕴含的淡水就占到全球地表淡水的23%。雨林被砍伐或改种成为人工林,都对当地气候有着很大影响。

雨林对保护生物多样性具有重要意义。森林的消失将直接导致动植物的灭绝。据估计,当前植物和动物灭绝的速度估计是人类出现前的1 000倍。科学家认为,地球正进入第六大物种灭绝期,灭绝的速度将在2050年再增高10倍。大面积种植橡胶不仅使热带雨林面积缩小,还会引起气候的逐渐干热化。过度种植橡胶,会导致热带雨林破坏以后水土流失,热带雨林当中大多数物种,包括植物、动物,都会消失,这对保护生物多样性是一个重大的损失。

3. 热带雨林的开发利用

热带雨林生态系统是陆地生态系统中生产力最高的类型。这里生物资源极为丰富,如三叶橡胶是世界上最重要的橡胶植物,可可、金鸡纳等是非常珍贵的经济植物。此外,还有众多物种的经济价值有待开发。

热带雨林的土地资源丰富。很多跨国企业都在热带雨林买地,砍伐烧毁后用作牧牛场,以提供牛肉给美国等牛肉需求量极大的国家。而巴西等热带雨林国家为偿还外债,在热带雨林兴建大农场,种植经济作物,如甘蔗、棕榈等,用于出口。

热带雨林提供了大量人类利用的食物和香料,如咖啡、巧克力、香蕉、芒果、番木瓜和甘蔗等,所有在种植园的食物,最初都来自热带雨林,且品种仍然在增长中。在20世纪70年代,中美洲咖啡出口总值超过30亿美元。

热带雨林也被称为世界上最大的药房,原因是大量天然成药均能在热带雨林中找到。如热带雨林拥有可卡因、刺激剂和镇静剂类药物的基本成分。另外,箭毒(麻痹药的一种)和奎宁(医治疟疾的一种药物,提炼自金鸡纳树)也可在热带雨林中找到。

热带雨林最大的经济价值之一便是旅游业。人们从世界各地到热带雨林中体验最直接的感受。旅游业所带来的经济利益是一种最有希望保存热带雨林的方式。

热带雨林也提供了为数不少来自动物的产物,如蜜糖、野味肉类、象牙和皮革等。

二、世界上的热带雨林

1. 全球热带雨林的分布

全球热带雨林主要分布在以下三大地区。最大的一片在南美洲亚马孙河流域,目前还保存着40 000多平方千米面积,它们约占热带雨林总量的一半。第二大片是热带亚洲雨林,面积有20 000多平方千米。第三大片是热带非洲雨林,主要分布在非洲刚果盆地,面积18 000多平方千米。中国台湾、云南、海南及澳大利亚局部地区也有分布。

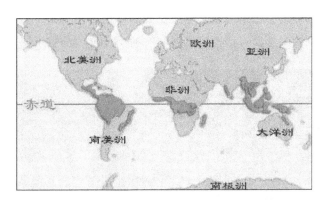

全球热带雨林分布示意图

2. 地球上现存最古老的雨林——澳大利亚的热带雨林

澳大利亚热带雨林面积约 90 万公顷，在北昆士兰热带海岸线绵延 500 多千米，它们曾经覆盖整个澳洲大陆，是目前地球上现存最古老的雨林。经过数百万年的气候和地理变迁，如今澳大利亚热带雨林生长在大分水岭山脉和海岸线之间的狭长地带，雨林面积还不到澳大利亚国土面积的千分之一。尽管面积相对较小，这些雨林中生物种类数量之多却令人吃惊，也是澳大利亚动植物在 4.15 亿年间生态演变过程的活化石。1988 年，这些雨林被列为世界遗产。

澳大利亚的热带雨林被国际公认为世界上最富有生态多样性的自然区之一。这些雨林中丰富多样的动植物令人称奇。目前，已经发现有 210 个属类的约 3 000 种植物，包括 65% 的澳大利亚蕨类植物，21% 的澳大利亚苏铁科植物，37% 的澳大利亚针叶植物，30% 的澳大利亚兰花类植物。热带雨林中也生存着众多的澳洲动物，包括 36% 的澳大利亚哺乳动物，30% 的澳大利亚有袋动物，58% 的澳大利亚蝴蝶，48% 的澳大利亚鸟类，25% 的澳大利亚蛙类和爬行动物，37% 的澳大利亚淡水鱼类，50% 的澳大利亚蝙蝠科动物。

在澳大利亚热带雨林的世界遗产保护区范围内，生长着 395 种以上稀有或濒危植物。世界上 19 种原始有花植物科目中，这里就有 12 种。雨林中有些树已经有 3 000 多年树龄，最高的树木达到 60 米。

北昆士兰热带雨林还是南方食火鸡的栖息地，它是世界上最大的不会飞的鸟类，澳洲最原始的卢氏树袋鼠也生活在这一地区。

3. 中国保存完好的原始森林——西双版纳热带雨林

我国的热带雨林集中在西双版纳地区，近半个世纪以来，热带雨林的面积也约有一半被破坏。

西双版纳地处北回归线以南的热带北部边沿，是中国热带雨林生态系统保存最完整、最典型、面积最大的地区，也是当今地球上少有的动植物基因库，被誉为地球的一大自然奇观。西双版纳在国内外享有"植物王国""动物王国""药物王国"的美誉。

榕树

为了保护这片中国唯一的热带雨林，早在1958年我国就建立了西双版纳自然保护区，1986年成立国家级自然保护区，1993年西双版纳被联合国教科文组织接纳为生物圈保护区网络成员，1995年又被国务院公布为全国第一个自然生态平衡的生态州。2000年，国务院又批准版纳河自然保护区升格为国家级自然保护区。

西双版纳热带雨林自然保护区位于云南省南部西双版纳州景洪、勐腊、勐海三个县境内，总面积2 420.2平方千米，它的热带雨林、南亚热带常绿阔叶林、珍稀动植物种群，以及整个森林生态都是无价之宝，是世界上唯一保存完好、连片大面积的热带森林，深受国内外瞩目。其境内有国家级自然保护区360万亩，至今仍有70万亩保存完好的原始森林，森林覆盖率高达95.7%，是中国热带森林生态系统保存比较完整、生物资源极为丰富、面积最大的热带原始林区。

西双版纳热带雨林是当今我国高纬度、高海拔地带保存最完整的热带雨林，具有全球绝无仅有的植物垂直分布"倒置"现象。这里云集了5 000多种热带动植物，令人叹为观止。"独木成林""花中之王""空中花园"，都是大自然在这里精心绘制的美丽画卷，不出国门就可以完全领略浓郁的热带气息。

保护区内交错分布着多种类型的森林。森林植物种类繁多，板状根发育显著，木质藤本丰富，绞杀植物普遍，老茎生花现象较为突出。区内有8个植被类型，高等植物有3 500多种，约占全国高等植物的八分之一。其中被列为国家重点保护的珍稀、濒危植物有58种，占全国保护植物的15%。区内用材树种816种，竹子和编织藤类25

种，油料植物 136 种，芳香植物 62 种，鞣料植物 39 种，树脂、树胶类 32 种，纤维植物 90 多种，野生水果、花卉 134 种，药用植物 782 种。

保护区是中国热带植物集中的遗传基因库之一，也是中国热带宝地中的珍宝。有近千种植物尚未被人们认识，植物物种之多实属罕见。特有植物 153 种，稀有植物 134 种，人工栽培的高等植物 100 余种。这里还有一日三变的变色花、听音乐而动的"跳舞草"、能使酸味变甜味的"神秘果"。除了作为经济支柱产业的橡胶、茶叶之外，还有中草药植物 920 多种，新引进国外药用植物 20 多种等。

西双版纳热带雨林还是一个动物王国，这里栖息着 539 种陆栖脊椎动物，约占全国陆栖脊椎动物的 25%；鸟类 429 种，占全国鸟类的 36%；两栖动物 47 种，爬行动物 68 种，占全国两栖爬行动物的 20% 以上；鱼类 100 种，分属 18 科 54 属，占总属数的 40%，占总种数的 27%。其中亚洲象、兀鹫、白腹黑啄木鸟、金钱豹、印支虎属世界性保护动物。国家一类保护动物 13 种，占全国一类保护动物总数的 19%；国家二类保护动物 15 种，占全国二类保护动物总数的 30%；国家三类保护动物 24 种，占全国三类保护动物总数的 39%。国务院 1987 年公布全国列为国家保护动物的 206 种中，西双版纳就有 41 种，占 20%。

三、全球热带雨林的减少

1. 热带雨林的面积在不断缩小

1492 年 10 月 28 日，哥伦布第一次对热带雨林进行记录和描述，他将西印度群岛的热带雨林称为"茂密的丛林"和"伊甸园"。

在历史上，热带雨林有 2 450 万平方千米的面积，主要位于南北回归线内。1900 年以来，特别是二战后雨林减少的速度在加剧，现已失去 59% 以上的原有雨林，幸存面积为 1 001 万平方千米，约覆盖了陆地总面积的 7%，主要存在于三个区域：美洲、非洲、亚洲，其中最大的一块为美洲的亚马孙雨林，还有两块比较大的区域是非洲的刚果雨林和亚太地区的天堂雨林。

今天热带雨林仍覆盖着地球上广大的地区，特别是在南美洲的亚马孙河流域，仍存在着一望无际的大片热带雨林，与世界其他类型的植被相比，它仍然是覆盖面积最大的植被类型。然而，与几百年前相比，现今的热带雨林已经大为减少，在很多地方变成了小块片段甚至消失殆尽。全球热带雨林以每年 120 425 平方千米的速度在减少，这相当于一个尼泊尔的面积。在过去的 20 年间，仅亚马孙雨林就以每年 29 000 平方千米的速度减少。

2. 热带雨林趋于破碎化

雨林面积减少的同时，破碎化趋势十分明显，其特征是森林变得条块分割、没有连贯性，尤其在亚洲雨林区，如印尼、马来西亚、菲律宾的雨林已经变得支离破碎。

破碎后的森林像海洋中的一个个"岛屿",被周围的农用地或经济种植园所隔离,使森林内物种基因得不到有效交流,进而大大降低了保护的有效性。

第三节 热带雨林的保护

一、热带雨林减少的原因

1. 自然原因——全球变暖

(1) 全球变暖使当前世界热带雨林中的树种结构发生了改变。

毋庸置疑,频繁发生的自然灾害和滥砍滥伐对雨林造成了严重破坏,按常理推断,那些无人到过的,并且气候没有明显恶化的热带雨林深处,应该不会受到这样的影响。但一项研究结果表明,事实并非如此,全球变暖使广阔的亚马孙雨林中最原始的部分也"不得安宁"。

随着温室气体的增加,亚马孙雨林最深处的树种结构发生了显著的变化,整个亚马孙雨林吸收二氧化碳的能力将因此大幅降低。

从 1980 年起,巴拿马热带研究所的科学家对巴西境内亚马孙雨林 18 处从未受到人类活动直接破坏的树种结构进行了长达 20 多年的研究,记录了 115 个树种生长状况。结果表明,其中 27 个树种在研究过程中数量显著增加,而另外 15 个树种数量不断减少,这种数量变化的速度比估计的高 14 倍。数量增加的树种均属于本身生长速度快的高大乔木,而数量减少的都是矮小的灌木。此前有关热带雨林的研究都无法对这种现象做出解释,这很可能是由于空气中二氧化碳增多,加快了光合作用的速度,使得本身高大的乔木生长速度更快,抢夺了阳光和二氧化碳,从而造成矮小的灌木"营养不足"。这种变化对热带雨林来说是根本性的。热带雨林以物种繁多著称,如果最基本的树种结构发生了变化,其他依赖树木生存的物种结构也将改变。灌木数量的减少将威胁亚马孙雨林的"整体健康",亚马孙雨林一直被认为是地球上遏制大气中二氧化碳增多的一个重要"碳槽",而新发现的这种变化,无疑将使其吸收二氧化碳的能力大打折扣。

(2) 全球变暖曾导致远古雨林毁灭。

2008 年 9 月,美国研究人员在伊利诺伊州一处煤矿发现一系列巨型远古雨林化石,继而认定先前全球气候变暖毁灭了地球最早出现的雨林。

美国伊利诺伊州发现的化石来源于地球最早出现的热带雨林，距今大约3亿年，包含多种现今已灭绝的植物物种。3亿年前的大地震导致这一地区沉降至海平面以下，掩埋在泥里。雨林中植物埋藏至地层下。后来随岩石在上面堆积，逐渐形成雨林化石。

化石展示了地球首批雨林内生长的植物，这些雨林生长在地球气候变暖时期。全球变暖使高耸的植物承受巨大压力而灭绝。石松一夜之间被蕨类植物取代，表明气候变暖导致雨林毁灭，这也可以预示亚马孙雨林的未来命运。科学家已发现，亚马孙雨林正在逐渐消失，雨林消退不仅加剧了全球暖化，还令众多只能生存在雨林内的生物面临灭绝。

（3）全球变暖可能将热带雨林变草原。

气候变暖可能导致植被发生变化。全球变暖可能颠覆世界上最大的热带雨林，在21世纪末将亚马孙雨林变为热带草原。如果任由全球变暖发展，这一生态丰富地区的降雨会减少，同时气温会升高。

假设不对气候变化采取任何行动，预计在2100年气温将升高5℃～8℃，降雨减少15%～20%，这将使亚马孙雨林变为热带草原。假设政府采取行动应对全球变暖，亚马孙地区的气温将会升高3℃～5℃，降雨减少5%～15%。如果控制污染排放并减少森林砍伐，预计气温在2100年时升高不会超过5℃，这种情况下，雨林不会全部消失。

2. 人为原因

雨林消失很大程度上是人类活动引起的。

（1）过度开发侵蚀亚马孙雨林。

亚马孙雨林是地球上最大的热带雨林，它主要部分在巴西境内。然而，毫无节制的开发已对当地的自然环境造成了极大破坏。

巴西境内生产的80%的木材都来源于非法采伐。近年来，巴西的企业和农场主因为受大豆出口利益的驱使而将大面积的热带雨林焚烧开垦为农田，更加速了对亚马孙雨林的破坏。

1996—2006年间，巴西亚马孙热带雨林约有80%的区域遭到砍伐变成牧牛场。牧牛业是导致世界上最大雨林遭砍伐的首要原因。巴西是世界上最大的牛肉出口国。仅在过去的十年内就有面积相当于冰岛国土的1 000多万公顷热带雨林被开垦为牧牛场。巴西政府的目标是通过低息贷款，扩大基础建设和其他经济刺激手段，将本国牛肉出口市场份额截至2020年翻一番，增幅为60%。

巴西是世界第四大气候污染国。森林滥伐和土地利用变迁已占巴西全国温室气体排放的75%。其中有59%的温室气体排放来自森林覆盖减少和亚马孙地区的烧毁森林行为。

巴西亚马孙地区每年遭到破坏的雨林面积达23 000平方千米。在过去30年中，这一世界上最大的雨林区的1/6已遭到严重破坏。巴西的森林面积同400年前相比，整整减少了一半。

滥伐亚马孙的森林，并没有给巴西人带来更多的财富。他们只是填饱了肚子，带来的却是对大自然永远的创伤和难以弥补的伤害。森林的过度砍伐使得土壤侵蚀，土质沙化，水土流失严重。巴西一些地区由于林木被砍伐，生态被破坏，成了巴西最干旱、最贫穷的地方。

（2）外来砍伐让刚果雨林岌岌可危。

刚果雨林是世界上第二大热带雨林，这里生活着 5 000 多万人，有大约 1 万种植物种类、1 000 种鸟类和 400 种不同的动物种类。刚果雨林目前非法采伐相当严重。有些伐木企业只需提供价值 1 000 美元的盐、肥皂、咖啡和啤酒，就可以获得当地土著的同意，进入雨林砍伐木材。联合国的一项研究警告说，除非采取行动，减少该地区的森林被毁程度，否则到 2040 年，刚果盆地热带雨林的 66％ 都会消失。

（3）非法采伐危害天堂雨林。

天堂雨林是亚太地区面积最大的热带雨林，位于巴布亚新几内亚。2005 年，一群探险家进入了这片雨林，惊叹这里的风景就像天堂一样，因此给这片雨林取名为天堂雨林。

巴布亚新几内亚面积和中国四川省差不多，拥有地球上 5％ 的生物物种，其中还包括数百种该国独有的物种。如果不采取任何保护行动，不消十年，它们就会从地球上消失了。

巴布亚新几内亚雨林的最大威胁来自破坏性和非法采伐。目前，对巴布亚新几内亚热带雨林的砍伐已经到了失去控制的地步。一些跨国伐木公司对这里的热带雨林展开了大规模的毁灭性采伐，并对该国过去 25 年的政策产生了重要的影响。

在巴布亚新几内亚，非法采伐的比例高达 90％。许多公司不仅严重地违反了环境法规，甚至被指严重地侵犯了人权。

亚太天堂雨林分布示意图

(4) 橡胶种植"蚕食"西双版纳热带雨林。

西双版纳是我国重要的橡胶种植基地，但由于橡胶的种植地正好是热带雨林的分布地，随着橡胶种植面积的日益扩大，西双版纳的天然热带雨林逐渐缩小。据统计，30年以前，70%的西双版纳都由雨林和高山林覆盖，而至2003年，这一比例缩减至不到50%。

二、热带雨林的保护

热带雨林的大面积消失以及生物多样性的迅速锐减引起了世界范围内的密切关注。在1992年国际社会所制定的《全球生物多样性策略》以及当年在巴西里约热内卢召开的"世界环境发展大会"所发表的《里约宣言》和所签署的《生物多样性公约》中，都把热带雨林列为需要保护的关键地区和关键生态系统。

我国热带雨林的面积虽然小，但它地处世界热带的北缘，具有多样而特殊的物种，又十分脆弱，对其保护早已引起国内外的密切关注。我国政府在1987年所制定的《中国自然保护纲要》和1994年所制定的《生物多样性行动计划》等文件中都把热带雨林的保护放在重要的地位，对西双版纳热带雨林的保护是从1958年云南省批准建立自然保护区开始的。40多年来，对西双版纳热带雨林的保护包括了保护行动、科学研究和持续利用等。

作为一个个体的人，也许我们的力量比较薄弱，但我们的日常所为也能为保护雨林做出贡献。我们所使用的木材制品大部分都是从雨林地区买来的，我们吃的进口牛肉、速食汉堡也有很多是从焚烧热带雨林的牧场来的，所以我们要尽量珍惜物品与食物，不浪费纸张，这是我们在日常生活中可以保护热带雨林的方法。虽然热带雨林很遥远，但是我们还是可以做一些事来保护它，例如，不要买雨林树木做成的家具、动物毛皮，注意节约用纸等。一旦雨林消失了，我们做再多的补救工作，也无法使它恢复。让我们一起来声援保护热带雨林的活动，为了生长在那儿的生物，也为了地球。

我们要认识到，人们对森林木材资源的大量消耗，会使地球上的森林面积逐年减少，这会引起多方面的环境问题，例如，干旱少雨、气候变暖、动植物资源减少、水土流失、沙尘暴和空气污染加重等。因此，森林对环境和生态的价值远远高出了它提供木材的价值。植树造林，扩大森林面积，增加森林资源，是关系到经济效益、社会效益、环境效益及人类能否生存的大事。

热带雨林的盛衰不仅关系到生物资源前途，更与全球气候变化关系密切。当前滥伐滥垦热带雨林的现象愈演愈烈，已引起各国人民极大的关注。保护生物圈和保护大自然最紧迫的问题，便是保护热带森林，特别是热带雨林。

谈谈你对保护热带雨林的想法，你可以从身边的哪些事情做起来保护森林资源。

一、判断题

（一）世界森林覆盖率最高的国家是南美洲的圭亚那，最低的是法国，增长最快的是埃及。（　　）

（二）银杏、水杉、珙桐等是我国特有的珍贵树种。（　　）

二、名词解释

热带雨林：

三、思考题

（一）我国森林资源主要分布在哪些地区？

（二）我国森林资源面临的主要问题有哪些？

（三）热带雨林的功能有哪些？

（四）热带雨林减少的原因有哪些？

四、拓展题

请你查阅资料，说说热带雨林还有哪些重要的功能。

参考答案

模块二 人文地理篇

第七章 大地赐给人类的礼物是什么？

——能源部分

导语

一部人类文明的进步史，就是能源利用的进步史。能源是人类社会经济发展的主线，中国传说中燧人氏钻木取火，古希腊神话中的普罗米修斯盗下神火，都在说明人类一直以来对光明和能源的探索。

目前，全世界已处于传统能源与新能源迭代的交汇期，随着科技的发展，人们会认识更多可以取代常规能源的新能源。本章我们将学习一些能源方面的知识。

一、教学目标

（一）知识目标：了解我国能源工业的发展概况。

（二）能力目标：掌握我国能源及能源工业的布局特点。

（三）素质目标：加强对世界及我国能源与能源工业发展状况的理解与记忆。

二、教学重点

对世界及我国能源与能源工业在经济发展结构中地位的理解与学习，培养动手能力（填制我国能源分布图）。

三、教学难点

通过对能源与能源工业的学习，培养学生在能源利用和发展方面具有"风物长宜放眼量"的长远战略眼光。

第一节　认识能源

一、能源概况

1. 能源的来源

地球表层空间的四大圈层与能源组成：

(1) 大气圈：太阳能、风能等。

(2) 水圈：海洋能、水能等。

(3) 岩石圈：地热能、核能、化石燃料等。

(4) 生物圈：生物能、沼气等。

来源于太阳辐射的能量包括过去生物储存的和现在太阳辐射的能量。现在的太阳辐射能量简称太阳能，被用来采暖、发电或被绿色植物通过光合作用贮存在有机体内。而煤、石油和天然气，我们可把它们看作是古代生物所固定的远古时期的太阳辐射能量。

$$\text{太阳能} \begin{cases} 0.01\% \to \text{植物体内} \\ 0.00001\% \to \text{动物体内} \end{cases} \longrightarrow \text{残体（沉积物）} \to \text{压实} \begin{cases} \text{固化} \to \text{煤} \\ \text{液化} \to \text{石油} \\ \text{气化} \to \text{天然气} \end{cases}$$

这些经过了千百万年才转化、富集形成的能源，在人类进入现代生产时期 100 ~ 200 年间，被开采和利用的速度都非常快，消耗也非常巨大。因此，我们应尽可能地节约这些十分宝贵的能源。

常规能源和新能源，在不同历史时期的概念是不同的。随着科技的不断发展，也许在不久的将来，现在被称为新能源的核能会被称为常规能源了。

2. 能源的形成

能源按形成和来源可分为：(1) 太阳辐射；(2) 地球内部；(3) 日月对地球的引力。下图是太阳能的形成状况。

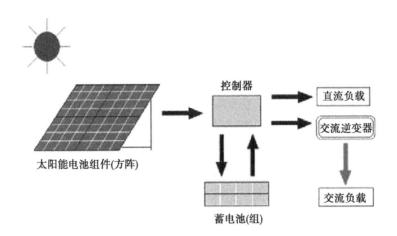

太阳能的形成状况图

能源按利用时间长短可分为：（1）常规能源；（2）新能源；（3）可再生能源；（4）不可再生能源。

不可再生资源总有枯竭之时，因此我们要采取节约措施，开发可再生资源及替代品。例如，巴西用甘蔗、木薯等原料生产酒精来替代汽车燃料——汽油，目前酒精燃料已占汽车燃料的60%。

人类利用能源的过程，就是能量转换和传递的过程。

能源消费增长速度与国民生产总值增长速度比较表

国家	时间	能源消费增长速度与国民生产总值增长速度之比
美国	1880—1920	1.6∶1
苏联	工业化初期	1.9∶1
日本	20世纪60年代	1.2∶1

上表所示，有关国家在工业化早期，能源消费增长速度与国民生产总值增长速度比较都大于1，这说明这些国家是以比较高的能源消费来取得国民经济的发展的。但随着各国能源利用水平的提高，这一比值已逐渐小于1并有继续下降的趋势。

为配合我国经济持续、稳定的发展，我国正大力开发以煤炭、水电、核能等为重点的工业产业和交通运输业。能源消费在国民经济结构中也存在差异。例如，同样净产值所消耗的能源，工业大于农业，重工业大于轻工业。因此，一个国家或一个地区在规划经济发展和工业布局时，能源供给是否配套也是一个重要的因素。

认识能源

二、能源的生产特点

1. 能源的概念

能源，是指可以提供大量能量的物质和自然过程。能源工业，即燃料动力工业，是指对能源资源进行开发、加工和利用的生产部门。

2. 能源的分类

能源，按其成因可分为一次能源和二次能源。

所谓一次能源是指以现成的方式存在于自然界中的、能够被人们直接开发利用的能源，共分为三大类：一是蕴藏在地球内部的能量（如地热能等）；二是地球以外的天体的能量（如太阳能、煤炭、石油和天然气等）；三是地球和其他天体相互作用所产生的能量（如潮汐能、波浪能等）。

二次能源是由一次能源直接或间接地转化而来的能源（如电能、沼气能等）。按其使用方式，可分为可再生能源（如太阳能、水能等）和不可再生能源（如煤炭、石油、天然气等）；按其使用历史，可分为常规能源（如煤炭、石油和天然气等）和新能源（如太阳能、核能、风能和地热能等）。

3. 能源的经济意义

首先，能源是维持人类生存和发展的重要物质条件，是一种战略物质，由国家统一管理和调配，是未来人们生活提高的基本保证，人类的幸福与人均使用能量的多少成正比。世界能源的革命是世界未来的工业革命，新能源是未来人们生活提高的基础保证。宇宙中一切现象都是能量现象，人类的幸福与人均使用能量的多少成正比。

其次，能源是保证国民经济高速发展的重要条件。从宏观的角度上讲，一个国家的经济发展需要能源的供给与之相适应。发达国家经济发展的历史已证明，能源增长速度与国民经济增长速度之间形成了规律性的正比关系。

再次，人均能源消费量是衡量一个国家经济发展水平的重要标志之一，是决定一个国家经济命脉的三要素之一（另两个是货币和债务）。事实上，人类文明的进步史，就是能源利用的进步史,从草木到煤炭,从煤炭到原油,从原油到新能源发展的进步史。而新能源又包括太阳能、风能、生物质能等。从某种意义上讲,人类社会的发展离不开优质能源的出现和先进能源技术的使用。在当今世界,能源与发展、能源和环境,是全世界、全人类共同关心的一大问题。

第二节 常规能源

常规能源也叫传统能源,是指已经大规模生产和被广泛利用的能源。如煤炭、石油、天然气等都属于一次性非再生的常规能源,它们在地壳中是经千百万年形成的,这些能源短期内不可能再生,因而人们对这些能源产生危机感是很自然的。

一、煤炭工业

(一) 概述

煤炭是工业的粮食,是人类生存和发展的重要基石。煤炭工业包括煤炭勘探、开发、采煤和选煤等生产过程。我国是世界上最早开采和利用煤炭的国家,煤炭是我国目前第一大能源,在我国能源消费总量中占60%以上,预计到2025年会下降到58%以下。

煤炭资源在地球上的分布很不均匀,总的来讲,北半球多于南半球,最主要的煤带分布在北半球的欧亚大陆上。从我国的华北向西经新疆横贯哈萨克斯坦、俄罗斯、乌克兰、波兰、德国、法国直到英国是一个煤带,北美洲的美国和加拿大也有一个煤带,这两个煤带的煤炭储量占全球的96%,为西欧和北美最初的工业化生产奠定了物质基础。南半球的三块大陆数量均较少,断续分布在澳大利亚和南非,但煤质好,也是世界上重要的煤炭出口国。

目前,煤炭支撑生产了全球41%的电力、70%的钢铁和90%的水泥。在美国57%的电力是通过煤炭燃烧转换获得的,我国70%以上的煤炭直接用于燃烧,这是由我国"富煤、贫油、少气"的资源状况决定的。

世界煤炭储量最多的国家有:俄罗斯、美国、中国和加拿大等。其中,中国是世界上最大的煤炭消费国,消费量占全球的一半以上。

煤的燃烧过程中所释放的氮氧化物、硫氧化物及飘尘是大气的主要污染源,释放的二氧化碳是导致全球气候变暖的最主要的温室气体。煤炭转化为煤气使用，可以提高煤的利用效率，同时获得良好的环保效果。煤炭液化技术在发达国家已达到商业应用阶段，我国采用从煤中制取甲醇的方法，可为汽车提供替代燃料。

（二）煤炭资源的布局

1. 世界煤炭资源的布局

如前所述，世界煤炭资源主要分布在：

（1）北半球的亚欧大陆、美国和加拿大等地区和国家；

（2）南半球的澳大利亚和南非等国。

2. 中国煤炭资源的布局

我国煤炭的探明储量居世界前列，主要分布地区位于上述世界最主要煤带的东部。我国煤炭资源的分布也不均匀，总体上是北方多，南方少，主要分布在山西、内蒙古、陕西、河南、山东、河北、安徽和江苏（北部）一带，其中以山西省储量最大，约占全国总储量的1/3。此外，新疆、陕西、黑龙江等省区也不少。我国长江以南的东部沿海各省煤炭资源较少，但人口稠密，工业比较发达，需要调进大量煤炭，其中上海市是我国每年调入煤炭最多的城市。为缓解山西、陕西两省煤炭外运中铁路运力不足的压力，20世纪80年代以来，我国新建了多条运煤专用铁路，增加了煤炭的外运量。

我国煤炭资源主要集中在：

（1）华北的山西、陕西、内蒙古、河南、山东、河北等省区；

（2）东北的黑龙江、辽宁省；

（3）西北的新疆维吾尔自治区；

（4）西南的贵州省。

我国主要有以下十大煤炭基地：

（1）大同煤炭基地；（2）阳泉煤炭基地；（3）西山煤炭基地；（4）开滦煤炭基地；（5）峰峰煤炭基地；（6）内蒙古煤炭基地；（7）鸡西、鹤岗煤炭基地；（8）平顶山煤炭基地；（9）两淮煤炭基地；（10）徐州煤炭基地。

（三）中外煤炭开采对比表

以下是中外煤炭开采对比表：

国家	中国	美国	俄罗斯	德国	印度
露天煤矿产量比重	4%	60%	47%	82.3%	66%
矿井采煤机械化程度	65.1%	99.9%	97%	99.9%	13%

二、石油工业

(一) 概述

石油是工业的血液。它是一种可燃的有机液体矿物,是现代工业、农业、国防以及人们日常生活中不可缺少的物资。石油和天然气是已知的地球资源中一种高效的能源,且石油装运比煤炭方便,可代替煤炭,石油易燃烧,烟尘少,无灰烬,是现代内燃机的主要燃料;同时石油又是重要的有机化工原料,特别是合成材料的重要基础。为此,石油工业是国家现代化建设的一个重要的物质生产部门,是一个国家的命脉,经济的基石。

从油田产出的原油,经加工后可形成不同用途的石油产品,如汽油、煤油、柴油、润滑油等。

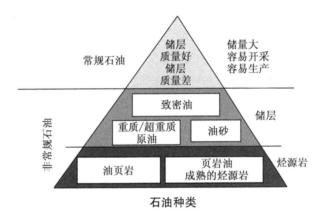

(二) 石油资源的布局

1. 世界石油资源布局

石油在地理分布上的集中程度更大于煤炭。世界的石油资源主要集中在中东、拉丁美洲、非洲、亚洲北部等地区。

中东是目前世界上石油储量最大、出产和输出石油最多的地区。若以国别而论,沙特阿拉伯一国即占全世界石油探明储量的1/4。中东地下的石油,一般具有储量大、埋藏浅、出油多、油质好的特点。这个地区的产油国人口少,工业还不发达,自己的石油消费量不大,所以石油绝大部分输往西欧、美国和日本等发达国家。

石油主要分布在沉积岩地层中,波斯湾、墨西哥湾、几内亚湾这三湾地区是世界近期油气勘探和供应的重点区域。

2. 我国石油资源布局

我国是世界上最早发现和利用石油的国家,迄今已有三千多年的历史。从1877年台湾苗栗县第一口机械化油井诞生起到新中国成立前,全国只有5个油气井,包括人造石油在内产原油12万吨,主要依靠进口"洋油"过日子。

我国石油主要集中在东北、华北和西北等地区,这些地区属于煤和石油资源均较丰富的地区,是我国近期油气勘探的重点区域。海底石油以东海大陆架最佳,其次是南海、渤海和黄海。另外,我国人造石油资源也很丰富。

新中国成立以后,在东部地区先后发现并建立了大庆油田、华北任丘油田、东北辽河油田、河南南阳油田、中原油田及胜利油田。从1978年以来,我国原油产量连年增产,在世界上仅次于俄罗斯、美国、沙特阿拉伯、伊朗,居第五位。

随着我国经济的迅速发展,1993年,我国已由石油出口国变成石油进口国,2017年进口量首次超越美国成为全球最大原油进口国。2020年的进口达5.42亿吨以上,原油进口依赖度达73%。2002年,我国正式启动国家石油储备基地的建设。因此,我国的石油布局战略是:稳定东部、开发西部、油气并采、立足国内、开拓国际。

我国的石油资源主要分布在以下区域:

(1) 大陆油田:华北、胜利、中原、大庆、辽河、克拉玛依、塔里木。

(2) 近海油田:渤海、黄海、东海、北部湾。

我国的主要石油基地有:

(1) 长庆油田;(2) 大庆油田;(3) 胜利油田;(4) 华北油田;(5) 玉门油田;(6) 克拉玛依油田;(7) 柴达木油田;(8) 四川油气田。

中国陆上第一口油井

三、电力工业

(一) 概述

电力工业是将煤炭、石油、天然气、水能和核能等一次能源转化成二次能源的工业部门。电能极易转化为热能、机械能和光能,是通用性更广泛、效率更高的二次能源。因此,电力工业是国民经济发展的基础部门,是工业、农业、交通运输业赖以生存和发展的动力,是国民经济的先行部门之一。

(二) 我国的电力资源

在我国,可以用作发电的能源资源十分丰富。如煤炭、石油、天然气和水力等,并且这些资源的蕴藏量都居世界的前列。在地理分布上,北方多煤、多石油,南方多水力,并且南北方配合较好,为合理发展电力工业提供了良好的条件,在真正实现"煤从空中走,电送全中国"战略构想的基础上,提出"全球能源互联网"的伟大构想,在赤道取太阳能,在北极取风能,然后建立洲级电网,用特高压把这些洲级电网跨洲连接，最终形成全球能源互联网。例如，中国—中亚电网正在实施中。

我国电力工业发展迅速，建国初期，全国装机容量仅185万千瓦，年发电量43亿度，分布也极不合理，畸形地集中在辽宁、上海、天津、青岛、广州等少数沿海省市，广大内地很少。新中国成立以后，随着社会主义建设的大规模进行，历经70年的筚路蓝缕，电力工业迅速发展。2020年，我国发电量是美国的1.8倍，欧盟的2倍，相当于美国、日本、俄罗斯三国的总和，居世界第一位。我国是全球唯一能够建设特高压直流输电的国家，同时也是特高压输电领域的国际标准制定者之一。在世界233个国家和地区中，中国是第一个，也是唯一的一个拥有近14亿人口的超庞大人口却依然能做到全民通电的国家，电力覆盖率在世界首屈一指。

西电东送示意图

目前，我国电力工业的布局是：
（1）东北电力网；（2）华北电力网；（3）华东电力网；（4）华中电力网；（5）西北电力网；（6）西南电力网。

第三节　新　能　源

人类为什么要开发新能源？因为石油、煤、天然气等化石燃料是经过漫长的地质年代才形成的，人类大量开采消耗以后，短期内无法恢复。以中东地区的石油为例，尽管探明储量占世界一半以上，但如按现在的开采速度，也只能维持30～40年。在现有能源即将出现危机之时，人们很自然地把目光转向储量更丰富、使用起来更清洁和可以再生的新能源。

一、核能

（一）核能概述

核能是原子核反应中释放出来的能量，是利用地下的放射性矿物铀及海水中的氚，

核电站

在热核反应堆中进行反应而放出的巨大能量。铀矿和氚在地球上的数量是有限的，因此属非可再生能源。

作为核电站核反应的燃料铀矿，在地壳中的储量是非常丰富的。它主要分布在美国、加拿大、俄罗斯、澳大利亚、南非以及中国。

1千克$^{235}_{92}U$通过裂变反应释放的能量，相当于2 500吨标准煤释放的热量，但这只是核能的一种类型；又如1千克的核电站氘、氚混合物发生聚变反应，比$^{235}_{92}U$的核裂变反应释放的能量还要大4倍。

核能的主要特点有：

（1）能量密集，运输量小；（2）地区适应性强；（3）清洁、安全；（4）铀矿在地壳中储量丰富。

鉴于核能的这些优点，人们从经济环境、产出效益出发，开始考虑在常规能源缺乏的地区修建核电站。以中国为例，煤炭、石油、天然气北方多南方少，因此在长江三角洲和珠江三角洲这两个经济发达但能源短缺的地区分别建造了浙江秦山核电站和广东大亚湾核电站。

（二）核能资源的布局

1. 世界核电站的布局

核电站问世40年来，总共发生过三次大的核事故：美国三哩岛核电站事故、苏联切尔诺贝利核电站事故，以及日本福岛核电站事故。发生事故的原因都同管理不严、操作失误有关。

许多研究表明，核电站的风险远远低于其他事故的风险，这是因为核电站从设计到建设都特别注意保证安全，万一发生事故，也有一系列的应急措施来减轻事故造成的危害。相比之下，水电站大坝崩溃、火电站或油库失火等事故在世界各国屡屡发生。

1979年，印度一座水电站的大坝垮塌，造成15 000人丧生；1989年，苏联的一条天然气管道由于泄漏而引起爆炸，当时正好有两列客车经过，600多名旅客丧生。

2018年世界上已建有400多座核电站，遍及30多个国家，在世界能源总量中约占16%，其中核能发电量最多的国家是美国，其次是法国、俄罗斯、日本等国。法国核能发电量约占全国总发电量的72%。据资料表明，法国从1980年到1986年排放到大气里的二氧化碳减少了约56%。

世界核能发电量最多的国家是美国，核电比重最大的国家是法国。

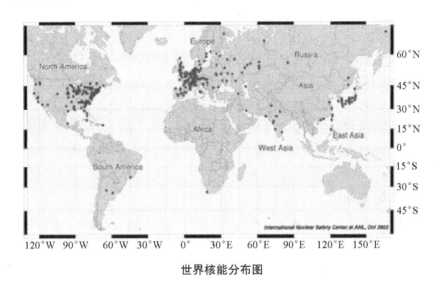

世界核能分布图

2. 我国核电站的布局

我国目前建设有以下核电站：

（1）浙江秦山核电站；（2）广东大亚湾核电站；（3）江苏田湾核电站；（4）广东岭澳核电站；（5）辽宁红沿河核电站；（6）广东阳江核电站；（7）浙江三门核电站；（8）山东海阳核电站；（9）浙江方家山核电站；（10）广东台山核电站；（11）福建宁德核电站；（12）福建福清核电站；（13）广西防城核电站；（14）海南昌江核电站。

二、太阳能

（一）概述

人类利用太阳能的形式不外乎两种转换形式，一种为光热转换，如太阳灶；另一种是光电转换，如太阳能电池。

（二）太阳能的特点

（1）能量巨大。太阳每秒钟辐射到地球表面的能量，相当于 6×10^6 吨的标准煤释放的能量，但这些能量的绝大部分消耗于大气、水的循环和植物的生长中，被人类直接利用的极少，其最主要原因是太阳能比较分散，不如常规能源集中。

（2）太阳能非常清洁，污染小。

（3）太阳能相对分散，地区分布差异大。

（三）影响太阳能分布的因素

"140"这条等值线大致经过大兴安岭、北京西侧、兰州、昆明，再折向北到西藏南部。这条线以西以北地区，绝大部分是高山高原地区，太阳辐射非常丰富，例如，拉萨的太阳总辐射量可达到"200"；而这条线（"140"）以东以南地区，局部如四川盆地，则只有"80"左右。总体上说，纬度越低，太阳高度角越高，太阳辐射强度越大，但对局部地区而言，还可能受到地形的影响。

如今，中国的光伏产业无论是专利，还是产能在世界上都处绝对领先的地位，占世界的1/3。世界前十大太阳能电池板生产商中有七家为中国企业，2018年我国太阳能发电量居世界第一。

人造太阳能

三、风能

（一）风能的概述

风与我们的日常生活息息相关。地球表层分布着一些盛行风带，如信风带、西风带、东风带等，还有海陆间的季风等。人类早期就已利用风的力量来实现助航、风力提水等，如我国明朝郑和的扬帆航海、荷兰的象征——风车等。

（二）风能的特点

风能主要有以下特点：（1）可再生能源；（2）风力、风向不稳定；（3）清洁的能源。

风是怎样形成的？究其根本，风是由于地面冷热不均而引起的，这种冷热不均的状况会持续不断地出现，因此我们可以得出结论：风在自然界中是可以再生的。

那么，地球上的风能到底有多少呢？有人估计，每年地球上风的能量相当于3 200亿吨标准煤的能量。

在地表的盛行风带和季风气候区中，一般风向比较稳定，但风速却存在显著差异。如我国东部季风区中冬季盛行偏北风，夏季盛行偏南风，风向虽然较稳定，但风力大小却有一级至十二级之差。

（三）风能的利用——风力发电

中国风力发电量在2010年超越美国成为世界第一。目前，中国风力发电八大基地的城市分布如下：

吉林白城，辽宁阜新，河北张家口、承德，甘肃酒泉，新疆达坂城、哈密东南部，江苏南通、盐城和连云港，内蒙古赤峰，浙江临海括苍山。

四、沼气

在能源分类中，生物能属于常规能源，但生物能中的沼气则是近年来在农村得到大力推广的新能源，因此沼气具有双重身份，既是生物能，又是新能源。

（一）沼气概述

沼气是有机物质发酵后产生的可以燃烧的气体，主要成分是甲烷。制取的原理是将农作物的秸秆、杂草、树叶、人畜粪便等有机物质放进沼气池中发酵，即可生成沼气。沼气作为新能源，其使用前后对农村生态环境的影响是极其深刻的。

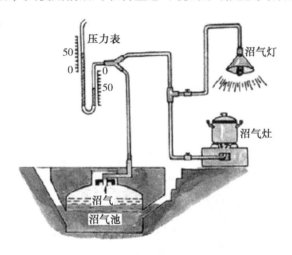

沼气应用图

在农村使用沼气后虽只比以前多了沼气池一个环节，但对农村环境的影响却是非常大的。在沼气使用前，太阳能没有得到充分利用，而被大量地浪费了，为保证农作物产量，则必须向耕地中施加大量化肥和农药，以致耕地质量和农作物的质量都有所下降，从而造成恶性循环。在沼气被使用后，充分利用了太阳能，大大减小了对农业环境的污染，使各种废物也能够物尽其用，耕地因沼液肥田而减少了化肥施用，沼渣加工成饲料后促进了农村畜牧业的发展，沼气的使用从根本上改变了农村原有的能源结构，保护了树木不被砍伐，促进了林业的发展。总之，整个农业生态系统向着良性的方向发展。

（二）沼气的特点和意义

主要特点有：

（1）这是一种清洁的能源，没有污染，能变废为宝；
（2）非常适合在农村推广使用，具有广阔的应用前景。

沼气的意义有：
（1）改变了原有农村能源结构，使农村的环境得到保护；
（2）提高了耕地和农作物的质量；
（3）促进了林业发展。

第四节　新能源革命

一、石油的补充能——页岩油

（一）概述

页岩油与煤炭、石油、天然气一样属于化石燃料，是非可再生资源的一次能源。页岩油类似石油，除了液态的碳、氢物质外，还含有少量氧、氮和硫的化合物。页岩油经过进一步加工提炼，可以制成汽油、煤油、柴油等液体燃料，除单独成矿藏外，油页岩还经常与煤形成伴生矿藏，一起被开采出来，具有与石油相同的作用。

油页岩（又称油母页岩）是一种高灰分的含可燃有机质的沉积岩，它和煤的主要区别是灰分超过40%，油页岩外观多呈褐色泥岩状，其相对密度为1.4～2.7。油页岩中的矿物质常与有机质均匀细密地混合，难以用一般选煤的方法进行选矿。含有大量黏土矿物的油页岩，往往形成明显的片理。在提炼时，大块的油页岩经过破碎、筛选，被送到一种巨大的炉子里，在隔绝空气的条件下加热，使有机质分解生成油气，油气再进入一个冷却装置，冷却后会凝结成油状的液体。

油页岩

1. 油页岩的特点

优点：开采成本低，可以循环利用；无污染，能最大限度地减少有害副产品的产生。

缺点：出油率低，对生态及水质破坏严重；灰渣污染严重，且污染环境；直接开采占地较多，一旦开垦就无法完全修复。

2. 油页岩的作用

在油页岩炼油过程中还能得到许多的副产品：硫酸铵可用作肥料；酚类和吡啶可用作生产合成纤维、塑料、染料、药物的化工原料；排出的气体，如同煤气一样，可作为气体燃料；留下的页岩灰渣，可用来制造水泥熟料、砖、陶瓷纤维、陶粒等建筑材料，可谓"全身是宝"。归纳起来，油页岩主要有以下三种用途：

（1）干馏制取页岩油及相关产品。

将油页岩打碎并加热至500℃左右，就可以得到页岩油，中国常称页岩油为人造石油。一般来说，1吨油页岩可提炼出38～380升（相当于0.3～3桶）页岩油。页岩油加氢裂解精制后，可获得汽油、煤油、柴油、石蜡、石焦油等多种化工产品。

（2）作为燃料用来发电、取暖和运输。

首先是用来发电。利用油页岩发电的形式有两种：一是直接把油页岩用作锅炉燃料，产生蒸汽发电；另一种是把油页岩低干馏，产生气体燃料，然后输送到内燃机燃烧发电。目前普遍采用前一种形式来发电。

其次，可以利用油页岩燃烧供暖，对国民经济具有重要意义。

再次，可以利用油页岩燃烧带动发动机，用于长途运输。

（3）生产建筑材料、水泥和化肥。

作为附加品，油页岩干馏和燃烧后的页岩灰主要用于生产水泥、砖等建筑材料。在德国，每年有30万吨油页岩用于水泥的生产。在中国，油页岩干馏和燃烧后的半焦灰渣用来制造砌块、砖、水泥、陶粒等建材产品和生产化肥。

（二）油页岩资源

世界已探明的产油率在4%以上的油页岩储量，折合页岩油约470亿吨，油页岩产油率低于6%的属于贫矿，高于10%的属于富矿。

1. 世界油页岩资源

世界上已发现的非常规油气资源大多位于西半球，即美国、加拿大和拉丁美洲，美国是全球油页岩资源最丰富的国家，储量约占全球储量的70%以上；加拿大是全球沥青砂资源最丰富的国家，储量约占全球储量的90%以上。全球油页岩资源十分丰富，据不完全统计，其蕴藏资源量约有10万亿吨，比煤炭资源量多40%。2000年年初统计，世界页岩油储量超过10亿吨的国家有美国、俄罗斯、扎伊尔、巴西、摩洛哥、约旦、澳大利亚、爱沙尼亚和中国等，页岩油总量为3 741亿吨，预计全世界页岩油资源总量约为4 750亿吨，比传统石油资源量（2 710亿吨）多40%以上。油页岩不仅资源丰富，而且分布相对集中。美国的地下水会燃烧，这泄露了美国开采油页岩的技术，就是油页岩可燃气体，在高温高压的条件下可溶于水。那么开采油页岩的技术，就是向油页岩压入水，再从其他井口抽上水，成本很低。美国大约75%的油页岩集中在科罗拉多州、犹他州和怀俄明州。

2. 中国油页岩资源

（1）中国油页岩资源发展现状。

中国是世界上油页岩储量最丰富的国家之一。页岩油储量超过已探明的石油储量，继美国之后位居世界第二位。中国油页岩探明资源量约85%以上分布在吉林、辽宁和广东三省，其中吉林省已探明可采储量为174.5亿吨，约占全国油页岩探明总量的55.3%；广东已探明可采储量超过55.15亿吨，居全国第二位；辽宁省累计探明储量为45亿吨。中国油页岩资源量十分丰富且储量分布集中，具有可作为接替能源的巨大潜力和有利条件。

油页岩实样

与中国不断增长的能源需求相比，与中国储量丰富的油页岩资源相比，与国际油页岩开发利用水平和规模相比，中国的油页岩产业还远远满足不了国家经济发展的需求，远远没有达到我们所期望的经济和社会效益，因此，我们需要加倍努力，不断探索和提高开采技术和水平。

（2）油页岩开采的前景。

中国油页岩的开发利用起步较早，规模也比较大，但长期以来并没有明显进步。1959年页岩油的产量达到70多万吨，占世界的50%以上。20世纪60年代以后，由于中国常规油气田的大量发现，油页岩提炼油气成本相对较高，页岩油生产规模逐渐减小，并淡出油品市场，油页岩开发利用技术也止步不前。

近年来，由于全球能源需求的增长和解决废弃油页岩环境问题的需要，油页岩的勘探开发面临新的机遇，国内相关企业也开展了相应的研究工作。将油页岩综合利用作为重点，开发大型油页岩干馏新工艺和相应的生产装置，研发页岩油生产过程的废水、废渣的处理与循环利用技术，先后恢复了老油页岩矿的页岩油生产。其中，抚顺矿业集团油页岩炼油厂是目前中国正在运行的最大的油页岩提炼厂，其年产量达到35万吨。

中国油页岩资源储量丰富，开发利用油页岩不仅可以缓解石油供需矛盾，还可以解决因废弃油页岩造成的环境问题，提高资源利用率。因此，中国应该重视油页岩方面的研究，推动开发和利用技术进步，加快油页岩行业发展。

二、未来的能源——可燃冰

作为世界上最大的发展中的海洋大国，中国能源短缺十分突出。中国的油气资源供需差距很大，1993 年中国已从油气输出国转变为净进口国，2000 年进口石油近 7 000 万吨，2019 年进口石油达 5.06 亿吨。因此，中国急需开发新能源以满足经济的高速发展。

（一）概述

可燃冰是 20 世纪科学考察中发现的一种新的矿产资源。它是水和天然气在高压和低温条件下混合时产生的一种固态物质，外貌极像冰霜或固体酒精，点火即可燃烧，是未来洁净的新能源，被誉为 21 世纪具有商业开发前景的战略资源。

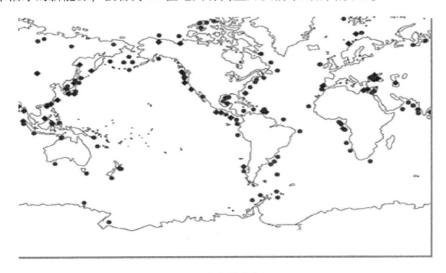

可燃冰世界分布图

可燃冰，学名天然气水合物（Natural Gas Hydrate，简称 Gas Hydrate），也称作甲烷水合物、甲烷冰，分布于深海沉积物或陆域的永久冻土中，由天然气与水在高压低温条件下形成的类冰状的结晶物质。因其外观像冰一样，而且遇火即可燃烧，所以又被称作"可燃冰"或者"固体瓦斯"和"气冰"。1 立方米天然气水合物分解后可生成约 164～180 立方米天然气。作为一种高效清洁能源，可燃冰被誉为 21 世纪的绿色能源，是公认的地球上尚未开发的最大新型能源，也被称作"属于未来的能源"。

可燃冰是天然气的固体状态（因海底高压），它的主要成分是甲烷分子与水分子。最初人们认为只有在太阳系外围那些低温、常出现冰的区域才可能出现，后来发现在地球上许多海底沉积物下，甚至地球陆地上也有可燃冰的存在，其蕴藏量也较为丰富。它的形成与海底石油的形成过程相仿，而且密切相关。埋于海底地层深处的大量有机质在缺氧环境中被厌气性细菌分解，最后形成石油和天然气（石油气）。其中许多天然气又被包进水分子中，在海底的低温与压力下又形成"可燃冰"。这是因为天然气有个特殊性能，它和水可以在温度2℃～5℃结晶，这个结晶就是"可燃冰"。因为主要成分是甲烷，因此也常被称为"甲烷水合物"。在常温常压下，它会分解成水与甲烷。"可燃冰"可以看成是高度压缩的固态天然气，外表上看它像冰霜，从微观上看其分子结构就像一个一个由若干水分子组成的笼子，每个笼子里"关"了一个气体分子。目前，可燃冰主要分布在东、西太平洋和大西洋西部边缘，是一种极具发展潜力的新能源，但由于开采困难，海底可燃冰至今仍原封不动地保存在海底和永久冻土层内。

1. 可燃冰的特点

优点：使用方便；燃烧值高；清洁无污染。

缺点：加剧温室效应；海洋生态的变化；易引发海底滑塌。

2. 可燃冰的作用

沉淀物生成的甲烷水合物含量可能还包含了2～10倍的已知的传统天然气量，这代表它是未来很有潜力的重要矿物燃料来源。然而，大多数的矿床地点很可能都过于分散而不利于经济开采和技术开发。

可燃冰是天然气和水结合在一起的固体化合物，由于含有大量甲烷等可燃气体，因此极易燃烧。同等条件下，可燃冰燃烧产生的能量比煤、石油、天然气要多出数十倍，而且燃烧后不产生任何残渣，避免了最让人们头疼的污染问题。

可燃冰这种资源的诞生至少要满足三个条件：第一是温度不能太高，如果温度高于20℃，它就会"烟消云散"，所以，海底的温度最适合可燃冰的形成；第二是压力要足够大，海底越深压力就越大，可燃冰也就越稳定；第三是要有甲烷气源，海底古生物尸体的沉积物，被细菌分解后会产生甲烷。所以，可燃冰在世界各大洋中均有分布。

（二）可燃冰资源

目前，只有六个国家有能力开采"可燃冰"这种矿物，分别为美国、日本、德国、韩国、印度和中国。

1. 世界可燃冰资源

作为一种非常规天然气资源，可燃冰不像石油等常规化石能源那样，高度集中于世界上少数地区，而是分布在世界各地海域。科学家估计海底可燃冰储量至少够人类使用1 000年，因而被称为"未来的能源"。如果可燃冰达到实际开采的水平，从"未来的能源"跃升至"现实的能源"，不仅对已经发现可燃冰的国家，而且对潜藏着可燃冰的国家和地区乃至整个世界来说，堪称一次可与美国"页岩气（油）革命"相匹敌的新能源革命。

从 20 世纪 80 年代开始，日、俄、美、加等国就已陆续开始对陆地和海洋的可燃冰进行勘探。纵观全球，世界上 79 个国家和地区都发现了天然气水合物气藏，且至少有 30 多个国家和地区正在进行可燃冰的研究与调查勘探。

1960 年，苏联在西伯利亚发现了第一个可燃冰气藏，并于 1969 年投入开发，采气 14 年，总采气 50.17 亿立方米。

美国于 1969 年开始实施可燃冰调查。1998 年，美国把可燃冰作为国家发展的战略能源列入国家级长远计划，并从 2015 年开始进行商业性试开采。

日本在 1992 年基本完成周边海域的可燃冰调查与评价，钻探了 7 口探井，圈定了 12 块矿集区，并成功取得可燃冰样本，首次试开采成功获得气流。2013 年，日本经济产业省宣布成功从近海地层蕴藏的可燃冰中分离出甲烷气体，从而为 2016—2018 年实现可燃冰的商业化开采迈出了重要一步。

2. 中国可燃冰资源

（1）中国可燃冰资源的现状。

中国从 1999 年起才开始对可燃冰开展实质性的调查和研究。中国可燃冰主要分布在南海海域、东海海域、青藏高原冻土带以及东北冻土带。据粗略估算，其资源量分别约为 6.49×10^{13} 立方米、3.38×10^{12} 立方米、1.25×10^{13} 立方米和 2.8×10^{12} 立方米，并且分别在南海北部海域和青海省祁连山及西藏永久冻土带取得了可燃冰实物样品。

2007 年，中国在南海北部成功钻获天然气水合物实物样品"可燃冰"，证实了中国南海北部蕴藏着丰富的天然气水合物资源，标志着中国天然气水合物调查研究水平已步入世界先进行列。从而成为继美国、日本、印度之后第四个通过国家级研发计划采到水合物实物样品的国家。

（2）中国可燃冰资源的发展前景。

按照我国战略规划的安排，2006—2020 年是调查阶段，2020—2030 年是开发试生产阶段，2030—2050 年进入商业生产阶段。

2005 年，在北京举行中国地质博物馆收藏中国首次发现的天然气水合物碳酸盐岩标本仪式；同时，青岛海洋地质研究所已建立有自主知识产权的天然气水合物实验室，并成功点燃天然气水合物。

目前，中国对海底天然气水合物的研究与勘查已取得一定进展，在南海西沙海槽等海区已相继发现存在天然气水合物的地球物理标志 BSR，将该自生碳酸盐岩区中最典型的一个构造体命名为"九龙甲烷礁"。中国宣布首次发现世界上规模最大的被作为可燃冰存在重要证据的"冷泉"碳酸盐岩分布区，其面积约为 430 平方千米。

2009 年，在青藏高原发现了可燃冰，预计十年左右能投入使用。这是中国首次在陆域上发现可燃冰，使中国成为加拿大、美国之后，在陆域上通过钻探发现可燃冰的第三个国家。远景资源量至少有350亿吨油当量。

可燃冰实样

2013年，在广东沿海珠江口盆地东部海域首次钻获高纯度可燃冰样品，获得可观的控制储量。此次发现的天然气水合物样品具有埋藏浅、厚度大、类型多、纯度高四个特点，控制储量1 000亿~1 500亿立方米，相当于特大型常规天然气矿规模。

2017年，在珠海市东南320千米的南海神狐海域，第一口可燃冰井的试开采产气取得圆满成功。连续试开采60天，累计产气超过30万立方米，取得了气流稳定、环境安全等多项重大突破性成果，创造了产气时长和总量的世界纪录。

2020年3月，在水深1 225米的南海神狐海域第二轮开采圆满成功，创造了"产气总量最大，日均产气量最高"两项世界纪录。

经过十多年的科研攻关，我国逐步探索出一套适合我国海域特点的天然气水合物资源综合勘察技术体系。在综合研究成果的支持下，圈定了天然气水合物资源远景区、成矿有利区，确定钻探目标，为我国海域天然气水合物资源勘察与评价提供了有力的理论指导和技术保障。

我国钻探可燃冰取得的进展不仅可能成为我国新的经济增长点，也对我国的能源安全做出新贡献，而且有利于我国的环境保护。此外，还需看到，可燃冰的开发对于我国能源安全具有"两面性"。如果商业化开采成功，固然有利于增强能源供给和安全，但可燃冰的开采本身又会带来一系列的能源生产安全问题，包括可燃冰分解产生的甲烷是一种环境效应比二氧化碳高20多倍的温室气体，而且海底可燃冰开采还有可能造成滑坡等地质灾害。因此，可燃冰的开采具有正负两方面的影响，其在经济、能源安全和环境保护方面的正影响是主要的，但也需注意防止在可燃冰开发和生产过程中产生的负面影响。

因此，加强天然气水合物调查评价，加快中国可燃冰资源的开采与利用是确定我国可持续发展战略的重要措施，也是21世纪中国开发新能源、改善能源结构、增强综合国力及国际竞争力、保证经济安全的重要途径。

知识链接

1. 请谈一下你对我国能源使用的思考。你知道为什么人类要去探索月球，它对人类能源的使用又会带来哪些好处？
2. 搜索有关干热岩的资料，了解其布局与开采应用。
3. 了解人造小太阳的相关知识及对未来人类活动的影响。

干热岩介绍

学习与提高

一、判断题

（一）常规能源就是人们常说的传统能源。　　　　　　　　　　（　）

（二）二次能源就是对一次能源的加工与再利用。　　　　　　　（　）

二、名词解释

（一）能源：

（二）能源工业：

三、思考题

（一）想一想，太阳能有哪些优点以及不足之处？

（二）在地球的表面是否任何时间、任何地点都有风能的存在。

四、拓展题

（一）在构建人类命运共同体的过程中，谈一下你对我国能源使用的思考。

（二）你知道人类为什么要探索月球？它对人类能源的使用有哪些好处？

五、链接题

观看纪录片《大国重器》第二季第四集"造血通脉"。

参考答案

第八章　人类真的是地球的负担吗？

——人口部分

导语

人是国之根本，故人口不仅仅是一组数字，而是一个国家发展存续的基础。我们知道自然资源与人类之间的关系是相互的。为什么会这样呢？这是因为：人既是物质资料的生产者，又是物质资料的消费者。这一双重性决定了人与自然的关系是相互的。

一、教学目标

（一）知识目标：了解我国行政区划与人口的布局。

（二）能力目标：掌握我国行政区划、人口及民族的分布特点。

（三）素质目标：加强对我国行政区划特点及人口老龄化现状的理解和记忆。

二、教学重点

对我国人口老龄化的理解，培养学生的动手能力（填制我国行政区划图）。

三、教学难点

结合中国传统文化中的"对称"与"象形"，对我国行政区划图进行理解与记忆，并进行填图。

第一节 中国的人口与国土

一、人口与国土资源

国土是指一个主权国家内的全部疆域，包括领土、领空、领海。国土资源是指国土范围内的全部资源，包括社会资源和自然资源。

1. 从世界看中国

南北半球的分界线是赤道，东西半球的界线为西经 20° 和东经 160°。从东西半球来看，中国位于东半球；从南北半球来看，中国位于北半球。

中国地处亚洲大陆的东部，太平洋的西岸，东面和南面濒临世界第一大洋——太平洋，西北深入亚洲内陆，是一个海陆兼备的国家。

中国陆地面积达 960 万平方千米，约占全球陆地总面积的十五分之一，仅次于俄罗斯和加拿大，居世界第三位，和整个欧洲差不多，是世界上领土面积最广阔的国家之一。

中国的国土面积为：960 万平方千米陆地面积 + 300 多万平方千米海洋面积 = 1 260 多万平方千米。

因为旧的海洋法只承认 3 海里的国家领海权，这与各国的海上活动极不相称，在一定程度上妨碍了海洋的正常开发利用，为此联合国制定了新的海洋法公约，于 1982 年 12 月 10 日由世界各国签署，并于 1994 年 11 月 16 日正式生效。这个公约有两个重要的特征：一是领海权从 3 海里扩大到 12 海里，并划定 200 海里的专属经济区，将全世界海洋的 38.8% 划归沿海国家管辖；二是把世界国际海底及其资源确定为人类共同继承财产。

这两个特征是建立新的海洋秩序的重要标志，按旧的海洋法我国的领海面积仅为 37 万平方千米，新的海洋法使我国的海洋面积扩大至 300 多万平方千米，从而使我国的国土面积从 960 万平方千米扩大到 1 260 多万平方千米，并增加了我国的海洋资源，为我国经济的长期发展奠定了良好的基础。21 世纪是海洋的世纪，从某种意义上讲，海洋是陆地国土的延伸。

20 世纪 80 年代，我国海洋经济以年均 17% 的速度递增；到了 90 年代，我国海洋经济以年均28%的速度递增。至2020年，海洋经济已占国民经济总产值的14.9%。目前，我国对海洋的开发在进一步加强。

1890年，美国战略学家马汉提出了"谁控制了海洋，谁就拥有了世界"的著名海权论断，其中一个重要的观点是：所有帝国的兴衰，决定因素在于是否控制了海洋。20世纪60年代及70年代的大半时间，世界各国都纷纷向海洋进军。从60年代开始，英国便在北海开始了"最大的一次投资赌博——在北海开采油田"，到70年代中期，英国一举成为"石油输出国"；1960年，法国总统戴高乐提出"向海洋进军"的口号；60年代美国总统肯尼迪提出"为生存必须开发海洋"的口号。

我国在1970年的《科技白皮书》中把海洋、空间、原子能并列为三大尖端技术。近40年来，我国对海洋的开发也有很大发展，21世纪是海洋的世纪，这已是所有科学家、经济学家、战略家的共识。总之，向海而兴，向海图强，开发"蓝色国土"已是中华民族共同的重大课题。

2. 中国的人口与陆地上的疆域

我国的疆域，最北：黑龙江省漠河以北黑龙江主航道的中心线，北纬53°30′；最南：南海南沙群岛南端的曾母暗沙，在北纬3°58′附近，南北跨纬度50°，相隔5 500千米；最东：黑龙江抚远市以东乌苏里江汇入黑龙江处的耶字碑东角，东经135°5′；最西：新疆乌恰县以西的帕米尔高原，东经70°附近，东西跨经度62°，相距5 200千米。

总之，我国领土南北相差约50个纬度，北回归线穿越我国的南部；我国东西跨越了60多个经度，分属于东5区至东9区，共5个时区，即最东与最西时间相差5小时。

我国东西之间距离约5 200千米，南北之间的间隔约5 500千米，再加上我国拥有悠久的历史，因此，人们常用"纵横一万里，上下五千年"来表述我们伟大祖国拥有辽阔的国土和悠久的历史，这是值得每一个中国人骄傲和自豪的。

3. 中国的海域

由北向南我国濒临的海洋依次为渤海、黄海、东海和南海，以及台湾岛以东的太平洋洋面。渤海与黄海大致以渤海海峡为界；黄海因海水呈黄褐色而得名，长江口北岸为黄海和东海的分界线；台湾海峡的南端为东海与南海的界线；南海是我国面积最大、海水最深的海区。

（1）东临辽阔的海洋。

我国的领海是指从海岸基线向海上延伸到12海里的海域，12海里以外则为公海。被辽东半岛和山东半岛环绕的渤海，以及雷州半岛和海南岛之间的琼州海峡则为我国的内海，其全部海域均属于我国行使主权的范围。我国的领海面积大约有300万平方千米。

(2) 大陆海岸线漫长曲折。

我国的大陆海岸线长约18 000千米，沿海岛屿星罗棋布，共有5 000多个（如果加上岛屿的海岸线，我国海岸线总长度在30 000千米以上），沿海有许多优良的港湾。

(3) 海陆位置优越。

我国位于亚洲的东部，濒临世界上最大的大洋——太平洋，西部深入亚欧大陆内部，是一个海陆兼备的国家。

曾母暗沙

4. 中国国土与邻国

我国的陆上疆界东起中朝边境的鸭绿江口，南到中越边境的北仑河口，长达22 800千米。与我国陆上接壤的邻国有14个，按逆时针方向依次为：朝鲜、俄罗斯、蒙古、哈萨克斯坦、吉尔吉斯斯坦、塔吉克斯坦、阿富汗、巴基斯坦、印度、尼泊尔、不丹、缅甸、老挝和越南。同我国隔海相望的国家有6个：韩国、日本、菲律宾、马来西亚、文莱和印度尼西亚。

我国的河岸线绵延18 000千米，北起中朝边境的鸭绿江口，南至中越边境的北仑河口，环绕大陆东部边缘的海统称"中国海"，总面积有470万平方千米。渤海、黄海、东海、南海与太平洋连成一片。

斯瓦尔巴群岛

二、行政区划与人口

人是国家一切行为的基础，所以，人口的变化，包括年龄、种族、数量、质量等，能极大地影响一个国家的综合国力。

（一）中国的行政区划

1. 行政区划的概念

国家根据其任务和职能，将全国国土（领土、领空、领海）按地区划分为若干个单元和层次，并设置相应的行政机构，以行使国家任务，这样的区域单元叫作行政区划。

2. 中国行政区划的缘起与现状

我国最早的行政区划出现在公元前的殷商时代，随着第一个奴隶制国家夏朝政权的建立，就有了行政区划的萌芽。而省作为我国一级行政区划是从元代开始的。

我国行政区划经过多次变动，现有23个省、5个自治区、4个直辖市以及2个特别行政区，共34个行政单位。

3. 中国行政区划的特征

我国基本上是三级制的行政区划体系。第一级是省、自治区、直辖市以及特别行政区；第二级是省辖市、自治县、县；第三级是乡、民族乡、镇。但是，少数民族地区设有自治州（盟）的省区则有不同，其第一级是自治区，第二级是自治州（盟），第三级是县、自治县和市，第四级是乡、民族乡和镇。

（二）中国的人口

1. 人口的概念

人口是指生活在特定社会、特定地域，具有一定数量和质量的人的总称。

2. 中国人口概述

自公元前221年秦统一中国以来，我国就进入了世界第一人口大国的行列。由于常年战乱，其后1 500多年中人口几乎没有增加。到明朝万历年间，我国人口为6 000万左右；至1661年明末时，约为2 000多万；经过清初"康乾盛世"的休养生息政策，人口迅速增长，突破了2亿大关；道光二十年（1840），人口达4亿，占世界人口的25%。

新中国成立后，人口增长的两个高峰是1951—1957年、1963—1973年。20世纪80年代我国人口增长进入第三个高峰。中国庞大的人口形成了庞大市场，使世界各国无不向往。

3. 中国的人口数量和质量

（1）中国的人口数量。

① 我国人口分布分界线。

以黑龙江省黑河—云南省腾冲为界（爱辉—兰州—腾冲），全国人口分布呈东多西少。内蒙古、新疆、青海、西藏四省区占国土面积的近1/2，而人口仅占全国的4%。

② 关于人口的三大著名论据。

马尔萨斯

中国古代学者很早就注意到一个重要的人口增长规律。如先秦韩非子就指出：人有五子，子又有五子，则大父（即爷辈）未死，而有二十五孙。结果是"人民众而货财寡，事力劳而供养薄"。人口的自然增长率是平方级数的，而资源和财富则不可能以这一速率增长，从而会导致社会动荡。从中国历史看，人口在社会安定的时期，隔代而倍增的规律是明显存在的。只有受到战争、大灾荒、大饥荒等遏制人口发展因素的影响，这一规律才会被打破。

马尔萨斯人口理论：马尔萨斯，英国人，1784年进入剑桥大学学习历史、英语、拉丁语、希腊语，专攻数学，获神职一职。1798 年出版第一部较为流行的人口学著作《人口论及其对未来社会进步的影响》，提出人口每隔若干代而倍增的规律，即在无外力影响的条件下，一个封闭人口的自然增长大约为每隔 20～30 年（人类的繁殖周期）递增 1 倍（在假定每户只生一个孩子的条件下）。

其理论主要为三个主要观点，即"两个公理""两个级数""两种抑制"。

"两个公理"：粮食是人类生活所必需的；两性间的情欲是必然的。

"两个级数"：人口在没有阻碍的条件下是以几何级数（即倍数）增加的；生活资料则只能以算术级数增加。

"两种抑制"：当人口增长超过生活资料增长而使二者出现失衡时，自然规律就会强使二者恢复平衡。恢复平衡的手段一种是战争、瘟疫、饥荒等，马氏称之为"积极抑制"；另一种是要那些无力赡养子女的人不要结婚（目前情况则相反，发达国家和地区人口增长率为 3%，甚至负增长，而发展中国家和地区，如非洲的人口增长率则达 28%），马氏称之为"道德抑制"。

总之，马尔萨斯人口论的核心观点是人口按几何级数增长，而生活资料只能以算术级数增加，这一观点无疑影响了几个世纪。其实在他前后约 180 年的两位中国人冯梦龙和马寅初也分别提出过比马尔萨斯更妙的人口控制理论。

《太平广记》

冯梦龙人口理论：冯梦龙，我国明代著名文学家，著有"三言"，即《喻世明言》《警世通言》《醒世恒言》。冯梦龙 1557 年在阅览《太平广记》时见文中有"人生二男二女"一句时，他便认真地做了署批：人若生一男一女，永无增减，可以长久。若生二男二女，再生一倍，日增不减，何以食之？一语道出了国计民生的大问题。

马寅初《新人口论》：马寅初，我国著名学者、人口学家。在马尔萨斯人口理论出版后的 180 年，即 1957 年，其最新力著《新人口论》出版，文中既肯定了马氏的"人口按几何级数增长的观点"，又辩证地指出了"粮食等生产资料的增长是跟不上人口的增长"，并着重指出：人口太多，本来有限的国民收入被吃掉大半，继续发展就将成为障碍。他提出，唯一的办法就是实行计划生育。

马寅初《新人口论》

③ 中国的人口特点。

我国人口基数大,增长快(从数量角度而言)。在 1953 年、1964 年、1982 年、1990 年、2000 年、2010 年和 2020 年,我国共进行了七次人口普查,1990 年普查结果为 11.34 亿人,到 2010 年达 13.39 亿,2020 年为 14.1 亿。近年来,全国每年出生人口在 2 100 万左右,平均每天有 5.8 万人出生,每分钟有 40.3 人出生。目前世界人口增长率相

计划生育

当于每秒钟增加 3 人,1987 年世界人口达 50 亿,1999 年 10 月 12 日世界人口达 60 亿之众,2011 年 10 月 31 日世界人口突破 70 亿,目前世界总人口约 76 亿。自 2016 年 1 月 1 日起,我国提倡一对夫妻生育两个子女,在全国全面实施二孩政策;2021 年 6 月 1 日起我国提倡一对夫妻生育三个子女,在全国全面实施三孩政策。

(2) 中国的人口质量。

① 文化水平有待进一步提高。

据最近的普查结果表明:目前,我国成年人的文盲率约为 2.67%,每年高校毕业生近千万人,科技人力资源总量已超过 1.2 亿人,高等教育普及率达 51.6%,高于全球水平。

而另一方面值得我们深思的是:在移民美国的工程师、数学家、电脑专家和自然科学家等人才队伍中,中国是最大来源国,1986 年为 9 000 多人,之后连续多年增长,1993 年为 2 万多人,自 1994 年开始才有所减少。目前,海外人才回国人数逐年增多。

② 人口产业结构有待优化。

劳动者在国民经济各部门中的人数和比例是反映一个国家和地区社会分工程度及国民经济发展水平的重要标志。

目前,世界经济发达国家第三产业的人口比重一般都在 50% 以上,中上等收入的国家在 45% 左右,中下等收入的国家在 20% ~ 28% 之间,而我国的人口产业结构只相当于经济发达国家 20 世纪末的水平。目前,中国全部就业人口中,第一产业(农业和牧渔业)占 25.1%,第二产业(工业和建筑业)占 27.5%,第三产业(各种服务业)占 47.4%。

③ 人口身高在增长。

研究显示,中国 19 岁男女的平均身高为男性 175.7 厘米,女性 163.5 厘米,位列东亚第一。过去 35 年,中国 19 岁男性平均身高增加 8 厘米,增幅在 200 个国家和地区中位列第一;中国 19 岁女性平均身高增加了 6 厘米,增幅为全球第三。

(3) 中国人口分布的影响因素。

影响人口分布的因素有自然条件、历史条件、社会经济因素等，起决定性作用的是社会经济因素。分析人口密度差异的基本思路：地形—气候（气温、降水等）—经济发展水平—历史发展。

第二节 中国的人口与民族

一、人口与民族

1. 民族的概念

民族是指人们在历史上形成的一个有共同语言、共同地域、共同经济生活，以及表现共同民族文化特点，具有共同心理素质的稳定的共同体。

2. 中国的民族构成

我国是由 56 个民族组成的统一的多民族的社会主义国家，其中汉族人口最多，占 91.11%，同时也是世界上人口最多的民族；在少数民族中，壮族人口最多，珞巴族最少，仅 2 312 人。

3. 中国的民族分布特点

（1）具有"大杂居，小聚居"的特点。其中，汉族遍及全国各地，但主要集中在东部。其他民族散布各地，但主要也是聚居。

（2）分布广泛。少数民族主要分布在边疆地区（东北、西北、西南地区），从全国范围看呈半月形分布。其中，西南地区是我国少数民族最多的一个区域，如云南省就有 52 个民族居住。我国少数民族分布最少的是江苏省，但其省内也散居着 14 个少数民族。

历史上多次的民族迁徙、屯田、移民戍边（西汉）、朝代更迭，以及新中国成立后 50 年代新疆戍边（建设兵团），引起人口变动，进而形成了我国民族"大杂居，小聚居"的分布特点。

中国主要民族分布

二、中国的民族政策

1. 中国的民族自治区

新中国成立以后，民族压迫从此宣告结束，建立和发展了各民族平等互助、亲密团结、共同繁荣的民族政策。根据宪法规定，在少数民族聚居地区，先后设置了 5 个民族自治区，30 多个自治州和一批自治县。5 个民族自治区是：新疆维吾尔自治区、西藏自治区、内蒙古自治区、广西壮族自治区、宁夏回族自治区。

2. 华侨

侨居在外国的中国人称华侨。华侨在世界许多国家的社会生活中有着重要影响，如马来西亚华侨仅占其人口的 15%，却控制着经济规模的 75%。

3. 外籍华人

华侨在取得了居留国的国籍后就称为外籍华人。

4. 侨乡

华侨的聚居地称为侨乡。我国的广东、福建、海南等省都是著名的侨乡。

民族区域自治

第三节 中国的人口与老龄化

一、中国人口的增长规律

（一）中国历代人口增长规律

1. 中国人口发展时段

第一时段约 1 000 年人口翻一番，公元初年的汉代，人口约 6 000 万，到中唐时约 8 000 万，到宋代约 1 亿；第二时段约 450 年人口翻一番，元代约 1 亿人口，到明末近 2 亿；第三时段 250 年人口翻一番，清初人口约 2 亿，到清末约 4 亿；第四时段约 40 年翻一番，20 世纪 50 年代人口 5 亿，到 90 年代为 10 亿。

2. 中国人口数量曲线波动规律

第一，人口的变化不是平稳的，具有周期性大起大落的特点。一个历时较久而又比较强大的王朝的初期，人口增长迅速，大约到中期达到高峰，而后停滞，到新旧王朝交替时期人口则急剧下降。

第二，人口自然增长率很低。从西汉平帝元始二年（公元2年）开始，到1840年，全国人口从5 960万增加到4.128亿，净增3.532亿，平均每年仅递增0.1%。这就是一般所说的具有高出生率、高死亡率、低自然增长率特点的"高—高—低"类型的人口再生产规律。

第三，呈现台阶式的"跃迁"，即人口的增长往往经过一段较长的停滞时期后在短期内迅速增长，而后又停滞下来。战国中期的人口为2 000万～3 000万，这是第一级台阶；从汉到唐，人口没有超过6 000万，这是第二级台阶；从北宋后期起，人口增长到1亿左右，这是第三级台阶；从清代乾隆初年开始，短短100年间人口即从1亿猛增到4亿，随后又陷于发展迟缓的状态，这是第四级台阶。

从夏代起，中国约4 000年的人口变动曲线上有14个波谷：

（1）夏末商初，人口下跌，跌幅不详；（2）商末周初，人口比商代后期减少近40%；（3）战国后期至秦汉之交，人口约损耗一半；（4）西汉末年，人口减少近50%；（5）东汉末年至三国之初，减幅高达65%，实为空前绝后；（6）十六国时期，人口一直在低谷中波动，并几度显著减少；（7）隋末唐初，人口约减少33%；（8）"安史之乱"，人口在短时期内剧减30%；（9）唐末和五代十国，减幅达30%；（10）"靖康之难"，人口损耗达30%；（11）元灭金、宋，人口约减少40%；（12）元末明初，人口减少25%；（13）明末清初，减幅近半；（14）太平天国运动失败，人口约减少20%。

以上14个波谷都是全国范围的社会大动乱造成的，由局部原因造成的小波动数量就更多了。于是，人口发展演变的模式形成了比较典型的波浪式曲线。

中国人口随着中国历史的发展反复波动，据不完全统计，人口由1亿攀升到2亿、3亿、4亿，却只用了短短一百年（1734—1834年）时间。

（二）影响人口迁移的因素

人口的数量变化与人口自然增长和人口机械增长有关。人口机械增长即人口迁移，在全球范围内对人口数量变化没有影响，考查范围越大，其影响越小。在不同的地区、不同的时间内，人口迁移的主导因素是不同的，在某种特定的时空条件下，任何一种因素都有可能成为促使人口迁移的重要因素。例如，战争导致大量战争难民迁移；沙漠的扩张导致环境难民迁移；我国西部大开发政策，吸引人口向西部地区迁移；等等。但就全球范围看，影响大规模人口迁移的主导因素是经济因素。

（三）人口迁移对环境的影响

1. 对迁出地的影响

（1）增强了迁出地与外界社会的经济、科技、思想和文化的联系，有利于社会经济的发展。

（2）对人口压力大的农村，人口迁出缓解了当地的人地之间的矛盾，可以更加合理地开发和利用农业土地资源，更好地保护农村的自然资源。

2. 对迁入地的影响

（1）合理的人口迁移，可开发迁入地的自然资源，发展地区经济，改善原先落后地区的社会经济条件和综合环境；不合理的人口迁移，一定程度上会引起或加剧迁入地的生态环境问题。

（2）加快城市化进程，大量的农村人口涌进城市，既推动了城市的社会经济发展，同时也给城市环境造成巨大的压力。

（四）人口迁移对促进社会发展的意义

（1）人口迁移可调整人口分布，对民族和种族的融合起了重要作用。

（2）改变了迁出地和迁入地的环境人口容量。

（3）改变了世界产业中心的地理分布。

（4）扩大了农作物的种植范围。

（5）促进了文化扩散和新文化区的形成。

二、中国人口老龄化危机

（一）人口老龄化

根据联合国的统计标准，如果一个国家60岁以上的老年人口达到人口总数的10%，或者65岁以上的老年人口占人口总数的7%以上，那么这个国家就已经属于人口老龄化国家。比例达到14%，即进入深度老龄化。

无论按60岁还是按65岁标准，中国已在1999年10月进入老龄化社会，2017年新增老年人口首次超过1 000万人。人口老龄化出现的原因主要包括两个方面：一个方面是人口生育率下降，使少年儿童的人口数量和比例减少，老年人口的数量和比例相对增加。即使老年人口数量没有增加，而由于少年儿童人口数量和比例的减少，老年人口的比例也会相对增加，从而促进人口老龄化。另一方面是老年人口死亡率下降后，老年人口生存时间的延长，从新中国成立以前的平均寿命35岁，到目前的77岁，使老年人口的比例增加，加速人口老龄化。出生率和死亡率的下降都会改变人口的年龄构成，但出生率下降的影响更大。其影响的直接后果就是提高了

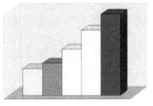

我国已开始进入老龄化阶段

2021年，我国60岁以上的老年人口数约2.67亿，占总人口的18.9%

我国老年人口年均增长3%

人口分布

老年人在人口结构中的比例。

（二）人口老龄化对社会发展的影响

随着老年人口比重的不断增加，人口老龄化必然会对社会提出一些相应的要求，从而对社会发展产生影响。

人口老龄化必然导致社会的老年赡养系数上升，而老年赡养系数的上升则意味着社会负担的加重。社会抚养比的上升，严重挑战原有的养老保险制度，这就需要国家妥善地解决好社会保障制度等问题。在人口老龄化的进程中，老年人口数量急剧增加，一方面越来越多的老年人口退出了生产领域，不再直接创造物质财富；另一方面老年人口的消费活动并没有停止，同时他们还需要医疗和护理消费，即经济消费不仅没有停止，而且一般来说还有所增加。这必然导致社会经济负担的急剧增加，具体主要表现在退休老年人口的养老金、医疗费用、护理保健费用、社会福利费用、社会保障费用的快速增长。社会保障是年轻一代人供养老一代人，老年人越来越多和年轻人越来越少，意味着社会保障的负担越来越重。到2040年，中国每三个人中大约就有一个60岁以上的老人，届时每两个人就要养活一个老人，而这两个人中还包括没有工作的儿童和学生，所以实际劳动人口所承担的社会负担则更重。

中国的老龄化实际上是"未富先老"的状态，从养老金制度实施以来，很多地区还一直"收不抵支"。在农村，公共养老金制度覆盖的比例仅为11%，多数人完全依靠沿袭了几千年的家庭赡养方式。

1. 人口老龄化对劳动力年龄结构及劳动力供应的影响

在人口老龄化进程中，老年人口比例不断上升，少年儿童比例相对下降，劳动力人口年龄结构将逐渐趋于老化。这种变化会对经济产生不利影响。第一是影响劳动生产率的提高。劳动力老化以后，接受新事物和掌握新技术的能力不如年轻劳动者，工作效率也会有所降低。第二是不利于产业结构的调整。在现代市场经济条件下，新兴的产业和行业不断出现，劳动者的职业变换日益频繁，老化的劳动力对职业变动的适应能力较差，较难适应产业结构的调整。同时，在人口老龄化进程中，老年人口比例不断上升，劳动适龄人口比例不断下降，到一定程度，就会导致劳动力的不足，从而影响生产的发展。

经济发展的基本要素是劳动力，劳动适龄人口规模和人口年龄结构的变化，势必从各个层面对社会经济发展产生直接的影响。中国自20世纪80年代步入人口年龄结构的"黄金时代"，即收取"人口红利"时期，其特征是劳动年龄人口所占比例高、老年和少年等被抚养人口所占比例低，而且劳动年龄人口比例呈逐渐上升趋势。这也就是为什么中国经济能够在这个时期高速发展的重要原因。"人口红利"趋势至今持续了20多年，但已近尾声。"人口红利"期过后即将转入"人口负债"期。从2003年起，中国南方部分省市开始从"民工潮"突然转向"民工荒"，到2005年，"民工荒"已经扩展到东部、中部和西部。其真正的原因就是人口结构恶化，年轻劳动力人口快速下降。

人口年龄结构图

中国现在劳动力人口还是呈现出不断增长趋势，16～59岁劳动年龄人口为8.8亿人，劳动人口平均年龄38.8岁，总的来看依然年富力强。但是随着老龄化的不断加深，劳动力短缺将是今后中国的主要矛盾。无论体力劳动还是脑力劳动，年轻劳动力均优胜于老年劳动力，在知识经济时代尤为如此。劳动力老龄化不利于劳动生产率和工作效率的提高，对社会经济的发展有一定的阻碍作用。

2. 人口老龄化对社会就业和再就业的影响

随着人口老龄化的推进，老年人口比例和老年人口数量都有较大的增长。由于人们的健康水平不断提高，平均预期寿命不断延长，老年人口的生存期日益延长。因而，他们中相当多的人尤其是低龄老年人口都还具有较强的劳动能力，也有参加劳动的愿望。但大量老年人口参与就业和再就业的竞争,必然会增加社会就业和再就业的压力,从而对就业环境和就业年龄结构产生影响。

3. 人口老龄化对教育领域、产业结构、消费领域的影响

在人口老龄化过程中,少年儿童的比例和数量不断下降,老年人口的比例和数量迅速增加。这种年龄构成和人口数量的变化,必然会对社会的文化教育产生一定的影响,不可避免地与社会原有的文化教育结构发生矛盾。这种矛盾主要表现为:过大的青少年儿童教育规模及能力与日益减少的青少年儿童教育需求及数量的矛盾,日益增加的老年人口数量及其接受教育的需求与现有老年教育设施的矛盾。新生人口的快速减少,必然造成对相应的医疗、抚育、教育等劳动力需求的减少,这也是造成目前中国劳动力过剩的原因之一。

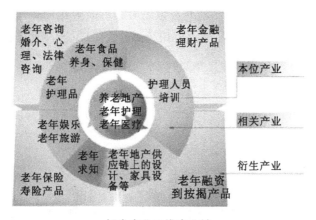

银发产业三维产业链

人口的减少,既意味着生产人口的减少,也意味着消费人口的减少。因此,即便可以通过机器人等科技手段以及延长工作时间、推迟退休和再就业等办法发挥人的潜能和余热来抵消因生产者减少带来的损失,但这也难以保证经济的持续发展。青少年是人口中消费最活跃、最前卫的人群,由于生育率降低,青少年人口比例下降,老年化程度提高,推动技术发展的前卫消费不足,必然对科学技术的发展起到延迟作用。

历史发展告诉我们,科学技术的进步,主要是由最具活力的青年来实现的,社会的老龄化必然会使科学技术的发展缺少活力。

中国的老龄化与发达国家的老龄化有三点不同:

第一,发达国家进入老龄化时,人均 GDP 一般在 1 万至 2 万美元,具备一定的经济实力,有能力解决老龄化带来的一系列社会问题;而中国在 21 世纪初刚进入老龄化时,人均 GDP 仅 1 000 多美元,与发达国家的差距很大,应对老龄化的能力也大不相同。简单地说就是,发达国家是"先富后老",而中国是"未富先老"。

第二，发达国家的老龄化是逐渐形成的，社会压力也是逐渐出现的；中国的老龄化是短时期形成的，中国只用了20多年就完成了西方发达国家一个世纪甚至更长时间才完成的人口老龄化转变，是目前世界上唯一一个老年人口（60岁以上）超过2亿的国家。

第三，发达国家的生育率是缓慢下降的，最低时也接近二胎，即每对夫妇平均差不多有两个子女，虽然中国取消了一胎化的计划生育政策，全面实行三孩政策，但中国的老龄化程度仍将比发达国家严重，与老龄化相关的各种问题也会因此而显现出来。

人口老龄化和劳动力比较优势逐步丧失导致经济减速，这是亚洲"四小龙"和欧美发达国家曾经经历的发展过程。中国虽然近期不会出现总体上的劳动力短缺，但劳动力的结构性短缺可能已经出现。尤其是劳动力相对高龄化的快速发展，将影响到中国经济发展的活力，给中国的国际竞争力和经济的快速增长带来负面影响。

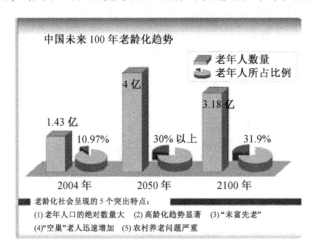

老龄化趋势图

总之，中国虽然在"十四五"伊始进一步调整了生育政策，全面放开三孩生育，但中国向老龄化社会发展的进程已不可逆转。如何应对这一危机，如何减轻其影响，如何尽量缩短严重老龄化状况可能存续的时间，是摆在我们面前的重大课题。

1. 试结合我国传统文化的精髓"对称"与"象形"，绘制出我国的行政区划图。

2. 孟子说："老吾老以及人之老，幼吾幼以及人之幼。"从"天人合一"的古代自然观中，谈一下世界及我国的老龄化问题。

一、判断题

（一）目前世界上人口超过 1 亿的国家有 13 个。　　　　　　　　　　（　）

（二）我国的少数民族中，以蒙古族人口最多，珞巴族最少。　　　　（　）

二、名词解释

（一）行政区划：

（二）民族：

三、思考题

（一）人口迁移对促进社会发展的意义是什么？

（二）近年来，我国为什么大力发展海军？

四、拓展题

人口老龄化对我国的健康产业发展有什么影响？

五、链接题

什么是胡焕庸线？

参考答案

第九章 重建"丝绸之路"能实现吗?

——丝绸部分

导语

一棵圣树、一只天虫、一缕丝线、一方锦绣、一带一路,沿着这条脉络,可以一览中国灿烂辉煌的桑蚕丝绸文化。

丝绸是中西方文化交流中最早也是最主要的一种载体,在西方人眼中,丝绸是中华古代灿烂文明的象征。在希腊文明时期,中国丝绸已通过"丝绸之路"来到了欧洲,希腊文中也出现了"丝"这一词汇,在拉丁文中,"丝"的发音已基本与以后的"China"相近了。因此,把"中国"翻译成China与丝绸还是有

素纱禅衣(西汉)

些渊源的。联合国教科文组织也特别指出:"丝绸之路"是世界文化对话之路。

上图是1972年长沙马王堆一号汉墓出土的衣物,衣长128厘米,袖长195厘米,重仅48克,薄如蝉翼,反映了当时中国高超的丝绸织造工艺技术。

桑蚕丝绸

一、教学目标

（一）知识目标：了解我国丝绸工业与"一带一路"的发展概况。

（二）能力目标：掌握我国丝绸工业及"一带一路"的布局特点。

（三）素质目标：加强对发展古丝绸之路及"一带一路"倡议的理解与记忆。

二、教学重点

理解发展古丝绸之路及"一带一路"对现实中国的意义，培养学生的动手能力（简单绘制我国"一带一路"分布图）。

三、教学难点

通过对古丝绸之路及"一带一路"的学习，让学生更好地理解古丝绸之路及"一带一路"对中国实现千年梦想的伟大意义。

第一节　丝绸绪论

一、丝纺织的产生

《史记·五帝本纪》记载：黄帝居轩辕之丘，而娶于西陵之女，是为嫘祖。《纲鉴易知录》记载：西陵氏之女嫘祖，为黄帝元妃，始教民育蚕抽丝，以供衣服。从此，一种新的纤维——丝，和使用这种新纤维制成的织物——绸，就降临人世。可见，早在5 000年前，中华民族之母——嫘祖就发明了抽丝织绢技术，创造了辉煌灿烂的丝绸文明，被誉为中国第五大发明。

嫘祖

二、丝纺织的发展

（一）丝纺织在中国的发展

1. 古代的辉煌

中国是世界上最早饲养家蚕和织造丝绸的国家，世界上所有的蚕种和养蚕的方法均出自中国，故我国被称为"东方绚丽的朝霞"，素有"东方丝国"之称。

从考古学上看，在山西夏县西阴村新石器时代的遗址中发现了一个5 000年前的蚕茧。

早在殷商时期，丝绸在巴蜀地区就已经生产。直至汉武帝时，蜀锦依然只产于四川。从文献上看，云南南昭王国曾在唐朝时多次攻入四川，掠去大量织锦工匠。后来，大量的蜀锦经云南运往印度以换取黄金和珍宝，自此南昭丝绸业逐渐发达，蜀锦工艺也传到了云南。

宋朝时，秦观写有《蚕书》一书，这是世界上现存最早的关于养蚕的专门著作。

元朝十万蒙古骑兵攻入云南，后又攻入南京城，同时也把蜀锦的织造工艺传到了南京。江南将此称为"云锦"，并视云锦为绫、罗、绸、缎、纱之中的佼佼者。

从元朝开始，云锦就在南京批量生产，专供制作皇帝龙袍使用。明清两朝，南京云锦织造的规模进一步扩大，朝廷还专设官府主持生产云锦以供应皇宫，此官府即"江宁织造府"。红楼梦中的荣宁二府，皆系江宁织造府的官员。蜀锦传至云南，又从云南传至江南，而南京的江宁织造，自明清以后就只此一家了。

蜀锦、云锦之所以比黄金贵重，是因为其在织造中大量使用真金真银。现在的云锦，国内只有南京"江宁织造"独家生产，一平方米云锦大概是一万元。正是由于江南能织锦，故曰"江南丝绸天下第一"。从现在江宁织造制作的云锦图案上看，主体是一条金色巨龙，表示天子，天之骄子；龙爪五趾，仿人；龙头上方是一大珠球，珠球的图案是阴阳鱼八卦图，珠外又呈佛门万字符；配图是石山、祥云、灵芝和牡丹花。

云锦

2. 近代的衰落

1860—1894年期间，我国生丝出口值和生丝出口值占比出现明显问题：一是在这一段时期内，生丝出口值落后出口总值16个百分点；二是生丝出口值占全国出口总值比率大幅下降（约58%），我国的丝绸业发展出现衰落现象，腐败落后的封建制度阻碍了丝绸业的发展。如1874年，陈启源在广东创办我国第一家继昌隆机器缫丝厂，后来，遇到封建势力的种种阻挠和压迫而被迫停产。

3. 现代的发展

近年来，随着中国丝绸行业工艺技术水平的不断进步，科技创新的步伐也得以加快，尤其是计算机技术、电子商务平台和现代信息处理技术获得全方位的充分利用。最典型的实例是，计算机的普及使得缂丝工艺彻底淘汰了沿袭百年之久的立缫车，进而在很大程度上提升了丝绸行业自动缫丝的水平。

如今，丝绸加工设备在中国乃至世界仍面临的问题是：怎样圆满解决古代与现代的结合，如传统与创新的结合、继承与开拓的结合、流程与科技的结合、电子与织造的结合、印染与环保的结合、优质与效率的结合、发展与生态的结合，以及品种与实用的结合等。

（二）丝纺织在世界的传播

公元4世纪，西方古文献中就有关于中国丝绸的记载。如希腊史学家奥尼斯克道斯的《沿岸航行记》中就有"西方诸国所用之'丝'与'铁'，皆从中国输来"的记载。

在丝绸之路上穿行的丝绸，并不只是用来包裹身体的精美织物，在古代中国，丝绸还是仪式中相赠的礼物，是社会地位的象征，同时可用作赋税。也正因如此，价值等同黄金的丝绸，在起伏跌宕的历史中，见证了一段段历史的辉煌和湮灭。

在我国历史上，中央朝廷真正开始有组织、有计划地开辟丝绸之路，打通与西方诸国交流通道的外交活动，是发生在公元前119年，汉武帝第二次派遣张骞出使西域，与西域诸国互派使节、互通商旅。自此，华夏桑蚕之地精美的丝绸，于汉唐之际迤西外传，7世纪抵阿拉伯与埃及，10世纪至西班牙，11世纪入意大利，15世纪进法国，朝、越、日诸邦更是"近水楼台先得月"。欧洲人很早就把中国称为"赛丽斯"，这是"丝绸之国"的意思。公元前1世纪的一天，罗马执政官恺撒（大帝）穿着灿若朝霞的长袍出现在剧场包厢时，百官们都惊呆了。后来才知道，恺撒穿的"天衣"是用中国丝绸缝制的，人们用"天下第一织物"等美好的语言来赞美中国丝绸。

三、丝绸的特点

1. 舒适感强

素有"织物皇后"美称的真丝织物，如今越来越受消费者的喜爱，其中一个主要原因是丝绸制品对人体具有独特的护肤保健功能。丝绸附着在皮肤上通过接触摩擦，与人体有极好的生物相容性，对人体的皮肤有保护滋润、延缓衰老的作用，还有着增加上皮细胞活力，防止血管硬化，促进伤口愈合和促使白细胞下降等特殊功能。丝绸表面光滑，其对人体的摩擦刺激系数在各类纤维中是最低的，仅为7.4%。

2. 吸湿性、放湿性好

蚕丝蛋白纤维富集了许多亲水性基因，又由于其多孔性，易于水分子扩散，所以它能在空气中吸收水分或散发水分，并保持一定的水分。在夏季，又可将人体排出的汗水及热量迅速散发，使人感到凉爽无比。正是由于这种性能，使真丝床上用品更适合于与人体皮肤直接接触。丝绸质地高雅，穿着柔软舒适，其透气、透湿性俱佳，具有良好的吸污性和抗菌力。丝绸服装能使皮肤顺利地出汗，同时吸收新陈代谢的二氧化碳，保持皮肤清洁，减少微生物在皮肤上滋生的机会，从而有益于人体的健康。

3. 保暖性

丝绸不仅具有较好的散热性能，还有很好的保暖性。看似实心的蚕丝实际上有38%以上是空心的，在这些空隙中存在着大量的空气，这些空气阻止了热量的散发，使丝绸具有很好的保暖性。

4. 抗紫外线

丝蛋白中的色氨酸、酪氨酸能吸收紫外线，因此丝绸具有较好的抗紫外线功能。专家研究表明，蚕丝中的乙氨酸有防日光辐射的能力，利用真丝纤维对紫外线的吸收性可以防御过剩的紫外线对人体皮肤的危害；蚕丝中所含的氮元素能抑制纤维迅速燃烧，遇火不易烫伤人的皮肤。因此，有人将丝绸赞誉为人类的"第二皮肤"。

第二节 丝纺织工业

一、概述

丝纺织工业是生产高级纺织品的工业部门，精美的丝绸是我国的传统出口物资。远在汉朝，我国的丝绸产品就通过"丝绸之路"运往中亚和欧洲。20世纪以后，由于帝国主义的侵略和掠夺，丝绸业一蹶不振，国际地位一落千丈，1949年，各种蚕丝产量仅1 800多吨，丝织品产量仅5 000万米。新中国成立后，国家全面恢复和发展了养蚕业与丝纺织业，扩建和新建了具有现代化生产能力的缫丝厂和丝织厂，生产能力有了显著的提高。2016年丝织品的产量达15.84万吨，居世界第一位。

二、丝织品分类

中国古代丝绸多样的品种足以让我们眼花缭乱。商至西周的织物多为平纹或简单显花织物；春秋战国起，丝织品种逐渐增多，不仅有素织的绢、纱、缟、纨等，也有带花纹的绮和锦；唐代以后，不仅绫和罗的品种更加丰富，还出现了缂丝、缎、绒和妆花等新品种。

绫、罗、绸、缎是日常生活中对丝织品的通称，并非一个完整的分类方法。中国古代丝织品种有绢、纱、绮、绫、罗、锦、缎、缂丝等。今天，丝织品则依据组织结构、原料、工艺、外观及用途分成纱、罗、绫、绢、纺、绡、绉、锦、缎、绨、葛、呢、绒、绸14大类。

根据原材料分类有：桑蚕丝、柞蚕丝、天蚕丝、樗蚕丝、蓖麻蚕丝五类。

三、丝纺织工业

我国丝纺织工业主要分为桑蚕丝纺织业和柞蚕丝纺织业，其布局基本上与原料产地相一致，生产以桑蚕丝纺织业为主。

（一）桑蚕丝纺织业

桑蚕丝纺织业遍布全国的20多个省市，主要分布在长江三角洲、四川盆地和珠江三角洲一带生丝和丝绸的主要产地。

1. 长江三角洲

上海是全国最大的丝纺织工业生产中心。这里的设备先进，丝绸和印染水平高，丝织品产量多、质量好，但生丝原料不足，需大量调入。

浙江素称"丝绸之府"，生丝产量和质量居全国第一位。丝织品产量仅次于上海，主要生产中心有杭州、湖州、嘉兴、绍兴等地。杭州丝绸印染联合厂是全国规模较大的现代化丝纺织企业，产品出口较多。湖州的丝绸在全国也很有名。

江苏的生丝和丝织品的产量居全国第三，省内的苏州、无锡、南京等地为主要的丝纺织工业中心。其中苏州与浙江省的杭州、湖州一起并称为我国"三大绸市"。南京所产的"云锦"与苏州的"宋锦"、成都的"蜀锦"并列为全国的三大名锦。

2. 四川盆地

四川的丝绸生产历史悠久，"蜀锦巴缎"自古有名。四川的生丝产量仅次于浙江，居全国第二，每年都有大量的生丝、坯绸调出，但本省的织绸、印染能力较弱。丝纺织业主要分布在南充、重庆、成都等地，以南充的生产规模最大。

3. 珠江三角洲

珠江三角洲是我国南方丝纺织品生产能力最大的地区，以丝绸织造为主。广州、佛山是最大的丝纺织中心，其次是中山、东莞。缫丝生产以顺德为中心。

（二）柞蚕丝纺织业

柞蚕丝纺织业为我国所特有，产品较多用于出口。我国柞蚕丝纺织业集中分布在辽宁、山东、河南等省。辽宁是我国最大的柞蚕丝绸产地，产量约占全国的70%，生产主要分布在丹东、本溪、凤城等地。山东柞蚕丝的产量居全国第二，青岛、烟台为主要产地。河南的柞蚕丝织品的生产主要分布在南阳、镇平、鲁山等地。丹东产的"鸭绿江绸"和南阳产的"南阳绸"最为著名。

丝绸贸易

第三节 丝绸之路

丝绸的质感演绎成极致的丝绸之旅,将遥远的辉煌重新展现,让人不由自主地对古代丝绸文明肃然起敬。因此说,"丝绸之路"就是用丝绸在千年时光中织就的绚丽彩带。丝绸之路开放互鉴对人类历史的影响,特别是在中西方文明的交汇融合上有着决定性的意义。

一、古代丝绸之路

(一) 丝绸之路

丝绸之路亦称丝路,是指西汉时由张骞出使西域开辟的以长安(今西安)为起点,经甘肃、新疆,到中亚、西亚,并联结地中海各国的陆上通道(这条道路也被称为"西北丝绸之路",以区别日后另外两条冠以"丝绸之路"名称的交通路线)。因为由这条路西运的货物中以丝绸制品的影响最大,故此得名。其基本走向形成于两汉时期,包括南道、中道、北道三条路线。丝绸之路是历史上横贯欧亚大陆的贸易交通线,在历史上促进了欧、亚、非各国和中国的友好往来。中国是丝绸的故乡,在经由这条路线进行的贸易中,中国输出的商品以丝绸最具代表性。

丝绸之路是一条东方与西方之间经济、政治、文化进行交流的主要道路。它的最初作用是运输中国出产的丝绸。因此,1872 年,德国地理学家李希霍芬在其著作《中国》中将这条陆上交通路线称为"丝绸之路",此后,中外史学家都赞成此说,沿用至今。张骞出使西域后,正式开通了这条从中国通往欧、非大陆的陆路通道,在世界史上有重大的意义。这是亚欧大陆的交通动脉,是中国、印度、希腊三种主要文化交汇的桥梁,是连接亚洲、欧洲、非洲的东西方经济文化与商贸通道的总称,是历史上繁荣的经济走廊。它又可分为陆上丝绸之路和海上丝绸之路。

(二) 古代陆上丝绸之路

人们通常所说的丝绸之路是指起始于古代中国的政治、经济、文化中心——古都长安(今西安)和洛阳,连接亚洲、非洲和欧洲的古代陆上商业贸易路线。它跨越陇山山脉,穿过河西走廊,通过玉门关和阳关,抵达新疆,沿绿洲和帕米尔高原通过中亚、西亚,最终抵达非洲和欧洲。通过丝绸之路,世界上各文明古国连接沟通,各国的物产珍品、动植物种、生产技术、科学成果、文化艺术、政治制度、宗教信仰进行着持续不断的交流，推动了世界贸易的发展，加快了人类文明的进程，促进了世界各国和中国的友好往来。如果把丝绸之路从长安向东延伸，经沿海口岸东渡日本，那么万里丝路就更像一条经济走廊，在人类历史上绽放出灿烂的光辉。

陆上丝绸之路因地理走向不一，又分为"北方丝绸之路"与"南方丝绸之路"。陆上丝绸之路所经地区的地理景观差异很大，人们又把它细分为"草原森林丝绸之路""高山峡谷丝绸之路""沙漠绿洲丝绸之路"。

（三）古代海上丝绸之路

海上丝绸之路缘起于《史记》中记载的秦始皇派徐福渡海求仙的故事。《汉书》中有记载：汉武帝时期，曾组织过远洋航行，派遣宫廷官员携带了大批中国丝绸和黄金远航海外，换回名贵的珍珠、绿宝石、石璧、玻璃和其他奇石异物等。

海上丝绸之路是古代中国与外国交通贸易和文化交流的海上通道，分为南起航线和北起航线。南起航线是指从我国东南沿海起航，延伸到东南亚、南亚、西亚，直至欧洲的海上航线。北起航线是指从山东半岛沿海起航，通往韩国、日本的东方海上航线。

随着综合国力的提高，我国的造船业与航海业水平有了大幅度的提高。自唐朝起，海上丝绸之路与陆上丝绸之路开始伯仲不分、交相辉映。

二、现代丝绸之路

中国国家主席习近平在2013年9月出访中亚和2013年10月出访东南亚时，分别提出共建"陆上丝绸之路经济带"和"21世纪海上丝绸之路"的倡议（简称"一带一路"倡议），顺应了人类追求美好未来的共同愿望，这一创新的大合作模式将重现古老丝绸之路的辉煌，使实现民族复兴的伟大梦想变得无比真实。

重新开通丝绸之路之日，就是中华民族复兴之时，进而构造世界大同的人类命运共同体。"一带一路"是"陆上丝绸之路经济带"和"21世纪海上丝绸之路"的简称，是中国近现代第一个以我为主、辐射外部的战略。如果用一句话来描述"一带一路"，就是互联互通，实现包容性和全球化。

（一）"一带"：陆上丝绸之路经济带

2013年9月7日上午，习近平主席在哈萨克斯坦纳扎尔巴耶夫大学发表题为《弘扬人民友谊　共创美好未来》的重要演讲，倡议用创新的合作模式，共同建设陆上丝绸之路经济带。

陆上丝绸之路经济带是在古丝绸之路概念基础上形成的一个新的经济发展区域，

包括西北五省区：陕西、甘肃、青海、宁夏、新疆，西南四省区市：重庆、四川、云南、广西。

陆上丝绸之路经济带，东边牵着亚太经济圈，西边系着发达的欧洲经济圈，被认为是"世界上最长、最具有发展潜力的经济大走廊"。

陆上丝绸之路经济带地域辽阔，有丰富的自然资源、矿产资源、能源资源、土地资源和宝贵的旅游资源，被称为21世纪的能源和资源基地。但该区域交通不够便利，自然环境较差，经济发展水平与两端的经济圈存在巨大落差，整个区域存在"两边高、中间低"的现象。

2013年中国与"一带一路"沿线国家和地区的贸易额超过1万亿美元，占中国外贸总额的1/4，过去10年中国与丝绸之路沿线国家的贸易额年均增长率为19%，中国重建"陆上丝绸之路经济带"正在改变着这个世界。

由中国企业在海外建造的第一条高速铁路——土耳其安伊高铁，连通安卡拉和伊斯坦布尔，它的建成不仅意味着土耳其东西部交通大大改善，更是打通了亚洲至欧洲的交通要道，这不仅有利于中国高铁首先进军欧洲市场，而且对于未来实现中国倡议的"丝绸之路经济带"也有非常重要的意义。

2013年，中国和泰国达成了"大米换高铁"合作意向；中国企业参与英国高铁建设；中国同塞尔维亚和匈牙利合作建设匈塞铁路；罗马尼亚也将引进中国高铁。2014年4月8日，中国同老挝双方共同宣布启动中老政府间铁路合作协议商谈，并争取尽早签署，一个规划中链接中国与整个中南半岛的高速铁路网呼之欲出。

渝新欧国际铁路联运大通道是在原新欧亚大陆桥的基础上进一步优化完善的国际物流大通道，2011年1月开始运营，标志着中欧班列正式开通。其运行路径从重庆始发，经达州、安康、西安、兰州、乌鲁木齐，向西过北疆铁路到达我国边境阿拉山口，进入哈萨克斯坦，再经俄罗斯、白俄罗斯、波兰，至德国的杜伊斯堡，全程11 179千米。2012年这条国际大通道继续西进，从德国的杜伊斯堡西延至比利时的安特卫普，整整延长202千米，将欧盟总部所在国比利时与重庆直接相连，成为世界上最长的铁路之一。这被外界视作是为中国中西部建设、中欧铁路桥和丝绸之路经济带正式拉开了序幕。目前，中欧班列开通65条线路，连接16个国家108个城市，为中国与沿线国家共建"一带一路"提供了有力支撑，已形成以"三大通道、四大口岸、五个方向、六大线路"为特点的基本格局。

（二）"一路"：21世纪海上丝绸之路

建设21世纪海上丝绸之路，是2013年10月习近平总书记访问东盟国家时提出来的。这是在中国与东盟建立战略伙伴十周年这一新的历史起点上，为进一步深化中国与东盟的合作，构建更加紧密的命运共同体，为双方乃至本地区人民的富强而提出的合作构想。

海上丝绸之路

1. 海上丝绸之路的形成期——秦汉

秦始皇统一岭南后，岭南地区海上交往为海上丝绸之路的形成奠定了基础。

西汉时期海上丝绸之路真正形成并开始发展。南方南粤国与印度半岛之间海路已经开通。汉武帝灭南越国后凭借海路拓宽了海上贸易规模，这时海上丝绸之路兴起。

东汉时期还记载了与罗马帝国第一次的来往：东汉航船已知利用季风使用风帆，中国商人由海路运送丝绸、瓷器等经由马六甲海峡过苏门答腊来到印度，并且采购香料、染料等运回中国，印度商人再把丝绸、瓷器经过红海运往埃及的开罗港或经波斯湾进入两河流域到达安条克，再由希腊、罗马商人从埃及的亚历山大、加沙等港口经地中海海运运往希腊、罗马两大帝国的大小城邦。这标志着横贯亚、非、欧三大洲的真正意义的海上丝绸之路的形成。随着汉代种桑养蚕和纺织业的发展，丝织品成为这一时期的主要输出品。

2. 海上丝绸之路的发展期——魏晋

三国时代，魏、蜀、吴均有丝绸生产，而东吴雄踞江东，三国时期正处在海上丝绸之路从陆地转向海洋的承前启后与最终形成的关键时期。

当时东吴的造船业已经达到了国际领先的水准，东吴所造的商船，数量多、船体大，龙骨结构质量高。这对于贸易与交通的发展、海上丝路的进一步形成起了积极的推动作用。同时东吴的丝织业已远超两汉的水平与规模，始创了官营丝织，始之而有自己独特的创新与发展。这也极大地促进与推动了中国丝绸业的发展，使之具有出海远航的主客观条件，进而形成东海丝绸之路。

魏晋以后，开辟了一条沿海航线。广州成为海上丝绸之路的起点，经海南岛东面海域，直穿西沙群岛海面抵达南海诸国，再穿过马六甲海峡，直驶印度洋、红海、波斯湾。对外贸易涉及十五个国家和地区，丝绸是主要的输出品。

3. 海上丝绸之路的繁盛期——隋唐

隋唐时期，广州成为当时中国的第一大港、世界著名的东方港市。由广州经南海、印度洋、到达波斯湾各国的航线，是当时世界上最长的远洋航线。

海上丝绸之路开辟后，在隋唐以前，即公元6—7世纪，它只是陆上丝绸之路的一种补充形式。但到隋唐时期，由于西域战火不断，陆上丝绸之路被战争所阻断，代之而兴起的便是海上丝绸之路。到唐代，伴随着我国造船、航海技术的发展，我国通往东南亚、马六甲海峡、印度洋、红海，及至非洲大陆的航路纷纷开通与延伸，海上丝绸之路终于替代了陆上丝绸之路，成为我国对外交往的主要通道。

根据《新唐书·地理志》记载：唐时，我国东南沿海有一条通往东南亚、印度洋北部诸国、红海沿岸、东北非和波斯湾诸国的海上航路，叫作"广州通海夷道"，这便是我国海上丝绸之路的最早叫法。当时通过这条通道往外输出的商品主要有丝绸、瓷器、茶叶和铜铁器四大类；往回输入的主要是香料、花草等一些供宫廷赏玩的奇珍异宝。这种状况一直延续到宋元时期。

4. 海上丝绸之路的鼎盛期——宋元

宋代的造船技术和航海技术明显提高，指南针广泛应用于航海，中国商船的远航能力大为加强。宋朝与东南沿海国家绝大多数时间内保持着友好关系，广州成为当时海外贸易第一大港。"元丰市舶条"标志着中国古代外贸管理制度又一个发展阶段的开始，私人海上贸易在政府鼓励下得到极大发展。但是为防止钱币外流，南宋政府于公元1219年下令以丝绸、瓷器交换外国的舶来品。这样，中国丝绸和瓷器向外传播的数量日益增多，范围更加扩大。

宋代海上丝绸之路的持续发展，大大增加了朝廷和港口城市的财政收入，一定程度上促进了经济发展和城市化生活，也为中外文化交流提供了便利条件。而元朝在经济上采用重商主义政策，鼓励海外贸易，同中国贸易的国家和地区已扩大到亚、非、欧、美各大洲，并制定了堪称中国历史上第一部系统性较强的外贸管理法则。海上丝绸之路发展进入鼎盛阶段。

5. 海上丝绸之路由盛及衰——明清

15至18世纪是人类历史上发生重大变革的时代。欧洲人相继进行全球性海上扩张活动，特别是地理大发现，开启了大航海时代，开辟了世界性海洋贸易新时代。西欧商人的海上扩张，改变了传统海上丝绸之路以和平贸易为基调的特性，商业活动常常伴随着战争硝烟和武装抢劫。

这一时期的明代海上丝绸之路航线已扩展至全球：（1）向西航行的郑和七下西洋，这是明朝政府组织的大规模航海活动，曾到达亚洲、非洲39个国家和地区。（2）向东航行的"广州—拉丁美洲航线"（1575年），由广州起航，经澳门出海，至菲律宾马尼拉港，穿圣贝纳迪诺海峡进入太平洋，东行到达墨西哥西海岸。

开始于汉代的海上丝绸之路，经唐、宋、元三代后日趋发达，迄于明代，达到高峰。郑和远航的成功，标志着海上丝绸之路的发展到了极盛时期。

鸦片战争后，中国海权丧失，沦为西方列强的半殖民地，沿海口岸被迫开放，成为西方倾销商品的市场，掠夺中国资源和垄断中国丝、瓷、茶等商品的出口贸易。从此，海上丝绸之路一蹶不振，进入了衰落期。这种状况一直延续了整个民国时期，直至新中国成立前夕。

6. 新海上丝绸之路

1913年，法国汉学家沙畹在其著作《西突厥史料》中首次将这一海上大通道命名为"海上丝绸之路"。

泉州，被13世纪意大利旅行家马可·波罗誉为"世界最大之港"，2017年，被联合国认定为"海上丝绸之路"的唯一起点。

21世纪中国重建现代意义的海上丝绸之路正在改变着这个世界，由此，中国外交战略重心将从欧、美转向世界，打造世界政治、经济命运共同体，通过推动世界政治、经济体系和"陆上丝绸之路经济带""21世纪海上丝绸之路"建设，进而形成中国"一体两翼"的大发展格局。

新海上丝绸之路分为：（1）东洋丝绸之路：向东可达日本、韩国；（2）南洋丝绸之路：东达美洲，史称——太平洋丝绸之路；西达非洲、欧洲。

巴基斯坦的瓜达尔港、斯里兰卡的汉班托塔港、孟加拉国的吉大港，这是印度洋沿岸三个重要的港口，而且全部由中国建造。在中国倡议建设的"21世纪海上丝绸之路"中，这三个港口将成为发展重点，有利于中国西南部地区"就近出海"。

大道之行
微视频

（三）冰上丝绸之路

1. 概述

2017年，一个颇具亮点的概念进入世界视线——加强北极航道开发利用合作，打造"冰上丝绸之路"。

"冰"，显然是指北冰洋；所谓"冰上"，就是通过北冰洋向美洲、欧洲开辟北极航道。

冰上丝绸之路就是指穿越北极圈，通过北极东北航道和西北航道，连接东亚、西欧、北美三大经济中心的海运航道，实现东亚、西欧、北美三大经济区的互联互通，其战略视野囊括整个北半球。

冰上丝绸之路包括东北航道和西北航道，两条航道都能穿过北冰洋，连接大西洋和太平洋。而俄罗斯邀请与中国合作共建的是东北航道。

东北航道，西起西北欧北部海域，东到符拉迪沃斯托克（海参崴），途经巴伦支海、喀拉海、拉普捷夫海、新西伯利亚海和白令海峡，是连接东北亚与西欧最短的海上航线。

西北航道，以白令海峡为起点，大部分航段位于加拿大北部水域，沿美国阿拉斯加海域向东，穿过加拿大北极群岛直到戴维斯海峡，是连接北欧、加拿大与美国最短的海上航线。

可见，冰上丝绸之路的推进，契合了"一带一路"地缘空间延展。在航运贸易领域，将北极地区纳入"一带一路"规划，既是全球气候变化的时代推动，亦是"一带一路"从温带向寒带进行空间扩展的大势所趋。

冰上丝绸之路示意图

北极

2. 历史发展

2015 年，中俄总理第二十次会晤联合公报中，冰上丝绸之路的雏形就已经出现，当时的表述是"加强北方海航道开发利用合作，开展北极航运研究"。

2017 年 5 月举行的"一带一路"国际合作高峰论坛，俄方希望中国把北极航道同

"一带一路"连接起来。

2017年7月,习主席在莫斯科会见俄总理的时候,双方正式提出了这一概念:开展北极航道合作,共同打造冰上丝绸之路。

建设冰上丝绸之路航道,是为了发展海上航运。在我国,90%的外贸货物都要依赖海运,运费占外贸总额的10%左右。如果按传统的航线走,中欧贸易往来,必须经过马六甲海峡、印度洋和苏伊士运河才能到达欧洲各港口。如果油轮重量超过21万吨(苏伊士运河的限载量),则还要绕道非洲好望角,费时、费力、费钱。

相比之下,北极东北航道是东亚连接北欧、东欧及西港地区的最短航线,相比传统的航线,缩短三分之一的航程。到北美东岸的航程,比经过巴拿马运河传统航线缩短2 000~3 500海里。航程缩短,就意味着减少运输时间、降低运输成本。如我国上海以北港口到欧洲西部、北海、波罗的海等港口,将比传统航线航程缩短25%~55%,每年可节省533亿~1 274亿美元的国际贸易海运成本。

3. 布局条件

目前,中国的远洋航线虽然不少,但是通往欧洲、美洲的航线有限,且面临着各种成本、安全等问题。

(1) 自然条件。

冰上丝绸之路沿线的自然环境恶劣,北冰洋常年维持在零下40℃到零下20℃之间,海面长年结冰,且有大量的浮冰、冰山,一年中只有两到三个月海面冰层能够融化,能够正常航行,开发成本远比传统航道要高。东北航道沿途补给点很少、基础设施明显滞后,加之长期得不到开发,沿途的营商环境还有相当大的提升空间(如俄罗斯目前在这一航道实施的高额"导航费",也是不菲的成本)。

近年来,随着全球气候变化、北冰洋变暖,北极航线显露出了巨大的货运价值,将欧洲经济圈和亚洲经济圈紧紧连在了一起。

(2) 科技条件。

北冰洋水域历来缺乏准确可靠的航行资料,且有大量的浮冰、冰山,这些都给航行的船舶带来巨大的挑战,因此需要强大的科技支撑,如核动力破冰船的制造。

直到2012年,中国的"雪龙"号破冰船才先后穿越了5个北冰洋边缘海,成功首航东北航道;在2013年,中远集团"永盛"号货轮从中国到欧洲的"便捷之旅"的航行成功为在东北航道实现商业性试航创造了条件。

(3) 社会条件。

自然环境差,基础建设的种种问题也接踵而来,开发冰上丝绸之路,虽然也需要大量资金和技术投入,但其中的安全问题尤为突出。目前,我国去往欧洲的传统航运线路,要途经东南亚、南亚和西亚等区域,这部分地区的种族、宗教和文化等问题极其复杂，恐怖事件、极端事件频频发生，海盗猖獗，不稳定因素极多，对航运安全是很大的威胁。

相较之下，冰上丝绸之路的沿线国家比较单一，主要经过俄罗斯北部地区，不稳定因素相对较少；同时，北极圈的特殊地理环境，一定程度上也可以免遭海盗的侵袭，提升航行安全程度。进而大大减轻南海的战略负担，改变我国对外贸易"北轻南重"的布局格局。

4. 通航愿景

随着气候条件的变化，北极航道的商业价值可能会在未来持续提升。到2020年，北冰洋通航时间可能能延长至6个月。甚至到2030年，北冰洋将全年通航。

北极航道沿线有着丰富的矿产资源。众所周知，俄罗斯是世界天然气资源储备最丰富的国家，产量居世界首位。北极圈以内的资源非常丰富，未被发现的、技术上可采的常规石油、天然气和天然气凝液的蕴藏量可能达4 120亿桶油当量。如被誉为"世界矿藏的聚宝盆"的格陵兰不仅有储量巨大且品质较高的铁矿、红宝石矿、金矿和油气资源，还有极其丰富的稀土资源和铀矿资源。其中，稀土矿总量约为6.19亿吨，位居世界第二。

北极东北航道一旦开通，北极地区作为一个重要能源产地和能源出口地，将有效缓解我国的能源供应整体不足的现状。

冰上丝绸之路不仅是亚欧、亚美的洲际全方位、多领域合作框架，更是大国战略资源投放的重新布局。

作为"一带一路"倡议的新举措，冰上丝绸之路的提出不仅反映出中国参与北极经济开发和"沿北极经济圈"互联互通的热忱期望，同时也展示了中俄、中欧、中美深化协作的地缘导向，为完善中国全球贸易航道布局补齐最后一块短板，具有重大现实意义。

三、丝绸之路的发展意义

"一带一路"倡议是我国不断深化和开拓国际合作的新空间、新领域，是培育中国对外开放的新优势，也是一个综合发展经济战略的宏观布局决策。它代表着中国宏观发展由"韬光养晦"进入到"和平崛起"的新阶段。

丝绸之路经济带，是在古丝绸之路概念基础上形成的一个新的经济发展区域。新丝绸之路经济带，东边牵着亚太经济圈，西边系着发达的欧洲经济圈，被认为是"世界上最长、最具有发展潜力的经济大走廊"。在现代交通、科技飞速进步和全球化高度发展的背景下，促进丝绸之路沿线区域经贸各领域的发展合作，既是对历史文化的传承，也是对该区域蕴藏的巨大潜力的开发，它不仅塑造了人类的过去，更将推动世界美好未来——人类命运共同体的实现。

改革开放以来，我国沿海地区与欧美发达国家经贸往来较多，外贸比重也较高。但是，这种增长方式和增长模式，无论从外部环境看，还是从我国沿海经济地区环境资源承载能力来看，已经面临着比较大的考验和压力。欧美市场对我国廉价商品的进口，已经从两位数增长转为逐步回落。同时在这种双边贸易关系中，我们国家付出的环境、资源代价也是比较大的。这种产业布局也加重了我国沿海经济区环境、资源、土地、人口等方面的压力，引发国内一些产业布局的不合理。因此，中国制造需要进一步扩大国际空间，除了与传统的贸易国家联系之外，还要向其他国际空间进行开拓。无论是海上丝绸之路，还是丝绸之路经济带，都将有利于我们这种国际空间的开拓。

丝绸之路经济带建设，可以综合交通通道为展开空间，依托沿线交通基础设施和中心城市，对域内贸易和生产要素进行优化配置，促进区域经济一体化，最终实现区域经济和社会同步发展。推进贸易投资便利化、深化经济技术合作、建立自由贸易区，是新丝绸之路经济带建设的三部曲。现代丝绸之路建设，只有重新规范合理化布局，才能和现今经济发展阶段相联系，和外部世界新关系相联系。其新特征是主动战略和共建共赢，这是一个长期的国际合作发展过程。

长期以来人们把全球化看作是当代社会独有的现象，但其实早在2 000年前的古丝绸之路，就已使全球化成为事实，它提供着机遇，带来了问题，也推动着技术的进步和文化的交流。

从通商伊始，丝绸之路始终推动着人类文明的进程。丝绸之路让中国的丝绸和文明风靡全球；罗马和波斯缔造了各自的帝国；佛教、基督教和伊斯兰教沿着丝绸之路迅速崛起并传遍整个世界；在这条商贸与文化的通道上，崛起了数以百计的城市；今天我们所使用的农产品和工业产品以及附加在这些产品之上的工艺精神，就是在丝绸之路上传播开来的。

总之，中国的丝绸之路坚持共商、共建，共享原则，在客观上加快了人类文明进程的速度，促成了世界迈向更加开放的步伐，更为今天的全球经济一体化进程做出了坚实的贡献。所以说，丝绸之路是历史上中国对世界开放的催化剂，是历史上中国对世界开放的原始推手，而今的"一带一路"和"冰上丝绸之路"的倡议则是伟大"中国梦"的合理延伸，正在成为造福世界人民的合作之路、繁荣之路、开放之路、绿色之路、共赢之路和廉洁之路，符合沿线各国人民的共同利益，进而实现人类持久和平、共同繁荣的千年梦想。

1. 为什么说15世纪奥斯曼土耳其帝国的崛起切断了中国丝绸之路并促使欧洲开始了世界地理大发现的进程?

2. 中欧班列的开行及冰上北极航道的开辟,对推动我国"一带一路"发展布局的重大意义。

一、判断题

(一) 丝绸之路是一条东西方之间的政治、经济、文化进行交流的主要道路。（ ）

(二) "一带一路"是当前中国外交战略和中国国家战略。（ ）

二、名词解释

(一) 丝绸之路:

(二) 一带一路:

三、思考题

(一) 试述古代丝绸之路和"一带一路"倡议的影响有何不同。

(二) 试述在当前世界百年未有之大变局中,"一带一路"在中国崛起中所起的作用。

四、拓展题

从"一带一路"说开去,看文明,知中国,走世界。

五、链接题:

观看"一带一路"的相关视频。

参考答案

第十章　陆地上人类能实现高速飞行吗？
——交通部分

> 朝辞白帝彩云间，千里江陵一日还。今天，高速铁路给人们展现了陆地飞行的极速快感。
>
> 高速铁路是中国战略性新兴产业之一，是我国第一项适应国情并领先全球的大规模综合技术系统，它对中国现代化的推动作用和贡献是难以估量的。2014年，中国的高铁速度突破了每小时600千米，对航空业形成强大的竞争，可以说1 500千米以内的距离，高铁可以秒杀飞机。中华民族若想自立自强，途径之一就是在科技上快速发展，争取早日走到世界的前列。高铁速度的发展，有着极其重大的战略意义，是我国在当前风云变幻的世界经济中的一张王牌，代表的是中国制造、中国速度，大国风范彰显无遗。

高速列车

一、教学目标
（一）知识目标：了解我国高速铁路的发展概况。
（二）能力目标：掌握我国高速铁路"八纵八横"的布局特点。
（三）素质目标：加强对高速铁路"八纵八横"布局的理解与记忆。

二、教学重点
加强在我国经济发展结构中对高速铁路所起作用的理解，以及培养学生的动手能力（绘制我国高速铁路"八纵八横"布局图）。

三、教学难点
通过对我国高速铁路"八纵八横"布局的学习，如何更好地培养学生的实际应用能力和动手能力。

第一节 高速铁路绪论

一、高速铁路的产生及发展

（一）高速铁路的产生

1825 年，英国人修建了世界上第一条铁路。铁路运输的特点是运量大、可靠性高以及全天候，提高列车速度是铁路赖以生存和适应社会经济发展的唯一出路。1903 年，德国列车的速度为 210 千米/时；1955 年，法国列车的速度达 331 千米/时；1964 年，世界上第一条高速铁路在日本东海道新干线上运行。20 世纪 80 年代，世界铁路进入"第二发展期"——高速铁路的大发展期。

（二）高速铁路的发展

高速铁路发端于日本，发展于法、德，兴盛于中国。高速铁路作为一个系统工程、超级工程，具有基础性、服务性、支撑性、战略性、引导性和社会性等特性。它不仅具有经济效益，还具有溢出效应、乘数效应和拉动效应。

在亚洲，日本高速铁路被誉为日本"经济起飞的脊梁"。在我国台湾地区，2003 年，台北—高雄高铁速度达 345 千米/时。在韩国，2004 年，首尔—釜山高铁速度达 300 千米/时。

在欧洲，高速铁路建设始于法国。2007 年，为抗衡德国磁悬浮列车抢占市场的挑战，法国高速列车 TGV 在从巴黎—斯特拉斯堡东线铁路上以 574.8 千米/时的运行速度创造了"全球第一速"，成为有轨列车最高时速新的世界纪录，同时打破了它在 1990 年创下并保持 17 年之久的 515.3 千米/时的世界纪录。至此，法国成为世界高铁市场的佼佼者。

在美国，奥巴马总统在 2011 年国情咨文中提出，高铁将是重塑美国全球竞争力的技术制高点。技术上一定要抢占制高点，谁有抢占技术制高点的能力，谁就有带动行业发展的能力。以技术的先进性驱动市场的需求，这是全球市场经济竞争的规律。

中国高铁从 2004 年开始，经历了从引进、消化、吸收到如今技术全面领先的发展历程。探索速度 500 千米/时以上超高速列车的技术，既是一项前瞻性的研究，也是拓展国际市场的技术储备。

2014年1月，由中国承建的土耳其安卡拉到伊斯坦布尔高速铁路工程完工，标志着中国高速铁路走向世界的开始。中国高铁里程占世界高铁的3/4以上，这也是中国提出"一带一路"倡议的底气所在。

2017年9月21日，中国标准动车组"复兴号"在京沪高铁上实现了350千米/时的旅客运营速度，使我国成为世界上高铁运营速度最快的国家，标志着我国高铁技术从"追赶"到"引领"的跨越。

"复兴号"高铁

2020年12月23日，随着全球首列时速350千米高速货运动车组的下线，说明我国已经有了一个支撑内循环经济可持续发展的战略基础。也正是在这样的大背景下，国家提出了"加快形成以国内大循环为主体、国内国际双循环相互促进的新发展格局"。

目前，世界上最快高铁的时速是由中国于2014年1月16日创造的，中国制造的CIT500型列车的试验速度达到了605千米/时，打破了由法国高速列车TGV在2007年创造的世界纪录。高速列车在地面上高速运行时，6辆编组试验列车整车阻力系数约为0.48，而波音737民用飞机每小时飞行距离800~850千米，在空气中的巡航阻力系数在0.028左右，可见高速列车比飞机在天上巡航时的技术要复杂得多，所以说高速列车就像一架在陆地上飞翔的飞机。

二、高速铁路及形式

（一）高速铁路的概念

当今世界上，铁路速度的分档规定为：100~120千米/时为常速；120~160千米/时为中速；160~200千米/时为准高速或快速；200~400千米/时为高速；400千米/时以上为特高速。

高速铁路的概念是指通过改造原有线路，使营运速度达到每小时200千米以上，或者专门修建新的高速新线，使营运速率达到每小时250千米以上的干线铁道系统。

中国高速铁路英文名称是 CRH，就是"中国高速铁路"（China Railways High-speed）的简称。

我国高速动车车次命名"G"打头（"高"的拼音首字母），动车组车次命名"D"打头（"动"的拼音首字母），城际高速车次命名"C"打头（"城"的拼音首字母）。在速度上，动车组是 200 千米/时级别的，高速动车和城际高速都是 300 千米/时级别的。

中国对高速铁路的定义分为两部分：改造达到速度 200 千米/时和新建达到 200～250 千米/时的线路，运营的速度不超过 250 千米/时的列车称为"动车组"；新建的速度达到 300～350 千米/时的线路，运营的速度达到 300 千米/时及以上的列车称为"高速动车组"。

（二）高速铁路的形式

高速铁路是当代高新技术的集成，是继航天事业之后世界上最庞大、最复杂的现代系统工程，包括机车车辆、线路桥隧、通信信号、牵引供电、运输组织及安全保障等系统。

高速列车按列车的动力配置方式可分为动力集中型和动力分散型；按列车的转向架方式可分为独立式和铰接式。

三、我国高速铁路的规划与建设

（一）我国发展高速铁路的必要性

1. 高速铁路是我国经济及社会发展的需要

中国高铁布局的"八纵八横"规划的成功运行，将促进中国的高铁整合技术、高铁运用技术、高铁设备制造技术及相关高新技术突飞猛进的发展，不但能迅速缩短与发达国家技术的距离，还可能由此激发自主创新的浪潮，使有关高铁的高新技术在一些领域达到或超过发达国家的水平。

2. 高速铁路的比较优势决定其在运输市场竞争中的重要地位

改革开放以来，中国各方面的进步还无法掩盖航空工业比较落后的现实，估计未来二十年可能仅仅国内航线就需要数千架客机。而这些飞机的采购源头，都被欧美的波音、空客等公司垄断。尽管中国近年来已经开始了自己的大飞机项目，但最为理想的替代，还是国内的高速铁路。这一方面既可以加快国内人员与物品的流通速度，另一方面又可以培植出一个全新的产业链，而在战略上又不会受制于人，不会将大量的资源消耗在资助自己的战略对手上。如果中国能将这项技术出口海外，参加国外的高铁建设，则高铁产业可发展成为有国际影响的战略产业。它不仅会带来地缘政治的改变，让陆权延伸变得更为便捷，而且也使欧亚大陆地区经济网络化成为可能。

3. 高速铁路的发展符合我国国情的需要

以高铁为战略目标的民族工业的迅速发展,将为中国经济的稳定,为中华民族的腾飞,为中国赶超世界发达国家做出贡献。

中国大陆的能源有一个鲜明的特点,即多煤、少油、缺气,中国对于石油和天然气的严重依赖,已经使自己在战略资源的占有上受到了巨大的挑战。所以,发展高铁这种消耗电力,且具有巨大运输能力的战略投送工具,来替代消耗大量自己并不具备的石油制品的飞机,就更具有战略上的价值,可以在很大程度上减少对石油的依赖。更不要说高铁比飞机对于环境而言更具优势,而这点对于在环境问题上已然受到极大挑战的中国更有吸引力。

4. 高速铁路的建设有利于促进我国铁路装备水平及工业制造整体水平的提高

高速铁路是现代世界铁路的一项重大技术成就,它集中反映了一个国家铁路牵引动力、线路结构、车辆技术、制造工艺、列车运行控制、运输组织和经营管理水平等方面的发展和进步,也集中体现了一个国家科技和工业化发展的水平以及铁路运输组织管理的水平。中国高铁全部运行后,由于 300 多千米/时的速度和良好的安全性,将极大地挤占世界航空运输的市场份额,不但高铁数量上世界第一,而且在高铁建设、高铁设备制造、高铁运用管理等技术方面达到世界先进水平,将对世界高铁建设产生极大的影响,进而引领世界高铁发展的新潮流,成为世界铁路发展的新航标。

5. 高速铁路的建设符合我国区域和城市化发展战略的需要

高铁的开通带动了区域经济贸易往来,释放了区域间的经济活力,成为区域经济发展的强劲引擎。我国已开通运营的高铁可为货物运输腾出 2.3 亿吨的年运力。全社会货运量中,铁路运输比重每提高一个百分点,就可以节约社会物流成本 212 亿元。

通过对高铁的建设,我国通往俄罗斯、欧洲、中东、南亚的高速铁路将逐步变成现实,连云港至阿姆斯特丹的陆上丝绸之路基本建成,东亚、南亚、中东、欧洲将因高铁连成一个整体,这不但符合我国区域和城市化发展战略的需要,而且可以为我国赢得巨大的战略利益和战略发展空间。同时,这还将为未来的中国经济插上腾飞的翅膀。

(二) 我国高速铁路发展的战略规划

1. 我国高速铁路的发展目标

高速铁路是一个国家社会与经济发展到一定阶段的产物,和国家的整体经济实力及社会发展水平有关。

目前,中国是世界上高速铁路系统技术最全、集成能力最强、发展速度最快、营运里程最长、营运速度最快、运输密度最高、在建规模最大的国家,短短 5 年就走完了国际上40年高速铁路的发展历程，中国跨入了引领世界的"高铁时代"，形成了世界上最发达的高铁网。

现在，国家已经确定了速度400千米/时的高速动车组类和速度600千米/时的高速磁悬浮列车的研制任务。未来，中国高速铁路运营里程将达到7万千米，中国高速铁路网将基本覆盖中国各省省会及50万以上人口的城市。

总之，穿越梦幻时空的高速铁路，将成为中国新一轮经济腾飞的推手，中国的交通格局、经济版图、生活方式、时空观念，将因高铁的发展而发生巨变。作为一种新兴的交通工具，高铁正在塑造着中国经济社会地理，颠覆了人们对时间和距离的观念，彻底改变了人们的生活方式，"双城生活""候鸟群体"逐渐成为百姓生活中的一道风景线。

2. 我国高速铁路的发展模式

（1）繁忙干线客货分线，建设大运力客运通道。

（2）中心城市间建设城际客运专线，实现旅客运输高速化。

（3）繁忙单线客货分线，全面提升旅客运输质量。

（4）扩大高铁对外开放和走出去，更好地服务于"一带一路"建设。

（三）我国高速铁路的布局原则

2014年年底，1.6万千米的高铁建设目标宣告达成，比原计划提前了整整6年。目前，中国铁路营运里程突破14.6万千米大关。其中，高速铁路营业里程突破4万千米，超过世界高速铁路总里程的2/3。2017年12月28日，石家庄至济南高铁建成通车，标志着"八纵八横"高铁建设布局新纪元的开启。中国的"大而紧凑"的整体布局呼之欲出，这不仅将促成中国人出行的一场革命，而且是中国一系列社会变革的前奏。

2025年中国高速铁路运营里程将达到4.5万千米，将遵循以下原则进行合理布局：

（1）高速铁路网基本覆盖各省省会及50万以上人口城市；

（2）从北京出发，8小时内到达绝大部分省会城市；

（3）上海、郑州、武汉等中心城市到周边城市仅需半小时至1小时；

（4）主要城市将纳入"高铁8小时生活圈"，其中，"八纵八横"的客运专线将成为连接大城市的快速通道。

"八纵"包括：沿海高铁、京福高铁、京九高铁、京广高铁、京海高铁、包南高铁、银昆高铁、乌拉高铁。

中国高铁发展
之路小视频

"八横"包括：天银高铁、青兰高铁、连兰高铁、沪新高铁、盐若高铁、沪蓉高铁、沪昆高铁、广昆高铁。

截止2020年，"八纵八横"已经完成70%。

第二节　高速铁路线路

高速铁路线路是保证高速列车按规定的最高速度安全、平稳和不间断运行的基础和前提。因此，高速铁路线路都应当具有很高的坚固性和稳定性。我国高速铁路主要采用无砟轨道结构。下图所示是南车青岛四方机车车辆股份有限公司生产的 CIT 500 型高铁车辆，其制造技术难度比飞机还要高。

CIT 500 型高铁车辆

一、高速铁路线路的平面及纵断面

（一）高速铁路线路的主要技术特征

（1）优点：速度快，密度高，安全可靠；运载量大，运输成本低；能耗低，低碳环保；快捷舒适，相对占地少。

（2）缺点：运费高，工程造价高。

（二）高速铁路对线路平面的要求

高速铁路的高速度、高舒适性、高安全性、高密度连续运营等特点对高速铁路线路平面提出了严格的要求。正线线路的平面圆曲线半径应因地制宜，优先选用常用曲线半径，但最大竖曲线半径不得大于 40 000 米。

（三）高速铁路对线路床面的要求

高速铁路轨道结构的主要类型分有砟轨道和无砟轨道：有砟轨道是指在路基上使用石渣作为道床，具有弹性良好、价格低廉、更换与维修方便、吸噪特性好等优点；无砟轨道由钢轨、道岔、扣件和轨下基础组成，是指在路基上没有石子，而采用整体式道床板作为道床，具有维修费用少、使用寿命长、线路状况良好、不易胀轨、高速行车时不会有石砟飞溅等优点。

中国的高速铁路主要应用无砟轨道。其特点是构造时速高、铺设速度快、列车高速运行更平稳。

二、高速铁路轨道线路

（一）中国高速铁路轨道线路

1. 纵贯南北的大通道——北京—上海客运专线

中文名称：京沪高速铁路，简称京沪高铁。

英文名称：Beijing-Shanghai High-speed Railway。

建设时间：2008年4月18日开建，2011年6月开通。

里程：1 318千米。

运行时间：全程4小时50分钟。

运输能力：年单向输送乘客8 000余万人。

线路类型：双线电气化、无砟轨道、无缝钢轨。

起终点站：北京南站—上海虹桥站。

途经地区：京、津、冀、鲁、皖、苏、沪。

设计速度：350千米/时。

总投资：约2 209亿元。

车体型号：CRH380A、B、C，CRH380AL，CRH380BL，CRH380CL。

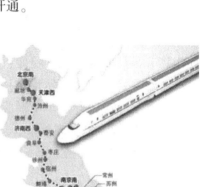

北京—上海客运专线

京沪高铁是仅次于三峡工程的中国第二大工程，贯穿北京、天津、河北、山东、安徽、江苏、上海7省市，纵贯京、津、沪三大直辖市，连接环渤海和长江三角洲两大经济区，全线共设北京南、天津西、济南西、徐州东、南京南、上海虹桥等24个车站，是世界上一次建成线路里程最长、标准最高的高速铁路。随着经济飞速发展，目前正在规划和建设京沪高铁二线。

北京、上海是我国政治、经济两大中心。京沪高铁建成之后，这两个相距1 000多千米的中心将缩小到只有5个小时车程，却将经济圈扩大到整个东部沿海地区。连通长三角、环渤海两大经济发达地区的京沪铁路，堪称世界上最繁忙的铁路干线，其沿线人口占全国人口的四分之一以上，运输密度是全国铁路平均水平的4倍。新线路与原有京沪铁路实现客货分流，原有的京沪铁路将会改为货运主线，单向年货运能力达1.3亿吨以上，从根本上解决了京沪通道运输能力紧张的状况。京沪高速铁路将成为客运专线，年输送旅客单方向可达8 000余万人次，客运量的增长将带动区域GDP一起增长，从而带来沿线地区经济的进一步腾飞。

2. 打通南北的大动脉——北京—武汉—广州—深圳—香港客运专线

中文名称：京广高速铁路，简称京广高铁。

英文名称：Beijing-Guangzhou High-Speed Railway。

建设时间：2008年10月15日开建，2012年12月26日开通。

里程：2 298千米。

运行时间：全程8小时。

运输能力：年单向输送乘客8 000余万人。

线路类型：双线电气化、无砟轨道、无缝钢轨。

起终点站：北京南站—香港站。

途经地区：京、冀、豫、鄂、湘、粤、港。

设计速度：350千米/时。

总投资：约4 000亿元。

车体型号：CRH380A、B、C，CRH380AL、CRH380BL、CRH380CL。

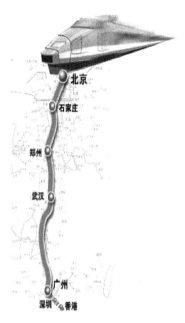

北京—香港客运专线

京广高铁在人类历史上第一次把2 298千米的地面交通缩短至8小时，具有深远的战略意义，它是中国高速铁路建设新的里程碑。

京广高铁承东启西，辐射带动作用强，连接华北（政治中心）和华南地区（经济中心），把环渤海经济圈、中原城市群、关中城市群、武汉城市圈、长株潭城市群、长三角经济圈、珠三角经济圈等经济区紧密联系在一起，有效地降低了社会时间成本，对促进区域经济、社会协调发展有巨大作用。对于中原地区与东、西部地区之间的人员与物资流动，促进沿线经济社会发展，推动中部崛起、西部大开发发展战略的实施具有十分重要的意义。

京广高铁全程只需8小时就可从北京"飞"抵广州，是迄今世界上里程最长的无砟轨道铁路。

（二）中国高速铁路轨道设备制造

高速铁路已成为中国带动性、战略性新兴产业。中国新一代高速列车零部件生产设计核心层企业近140家，大学25所，关键实验室56个，紧密层企业500余家，覆盖20多个省市，产出比达1∶10，形成了一个庞大的高新技术研发制造产业链。

目前，中国高速铁路轨道设备制造主要有两大公司，四大核心制造企业。

1. 中国南车股份有限公司

（1）青岛 BSP 公司引进加拿大庞巴迪公司的技术，制造生产 CRH1 型动车组。

CRH1 型动车组

（2）青岛四方机车车辆股份有限公司引进日本川崎重工的技术，制造生产 CRH2 型动车组。

CRH2 型动车组

2. 中国北车股份有限公司

（1）唐山机车车辆厂引进德国西门子公司的技术，制造生产 CRH3 型动车组。

CRH3 型动车组

（2）长春轨道客车股份有限公司引进法国阿尔斯通公司的技术，制造生产 CRH5 型动车组。

CRH5 型动车组

"复兴号"高铁小视频

第三节 磁悬浮铁路

利用磁力使物体处于无接触悬浮状态的设想是人类一个古老的梦，磁悬浮技术是集多学科为一体的典型的机电一体化现代高新技术。

一、概述

磁悬浮铁路是一种新型的交通运输系统。它是利用电磁系统产生的吸引力或排斥力将车辆托起,使整个列车悬浮在导轨上,利用电磁力进行导向,利用直线电机将电能直接转换成推动列车前进的一种现代化的运输系统。

磁悬浮列车是以磁力为支撑的一种全新的交通工具,其核心是磁悬浮技术,即依靠列车上的磁体和地面路轨上的磁体相互作用而离开地面浮起来,大大减少了行驶中的摩擦阻力。它消除了轮轨之间的接触,无摩擦阻力,线路垂直负荷小,具有时速高、无污染、安全、可靠、舒适、噪声低、载客量大、准点、维护量小等特点,应用前景广泛。

磁悬浮列车1

二、磁悬浮铁路的工作原理

磁悬浮列车的原理是运用磁铁"同性相斥,异性相吸"的性质,使磁铁具有抗拒地心引力的能力,即"磁性悬浮"。这种原理运用在铁路运输系统上,使列车完全脱离轨道而悬浮行驶,成为"无轮"列车,速度可达每小时几百千米以上。这就是所谓的"磁悬浮列车",亦被称为"磁垫车"。

磁铁有同性相斥和异性相吸两种形式,磁悬浮列车也有两种相应的形式:一种是利用磁铁同性相斥原理而设计的电磁运行系统的磁悬浮列车,它利用车上超导体电磁铁形成的磁场与轨道上线圈形成的磁场之间所产生的相斥力,使车体悬浮运行;另一种则是利用磁铁异性相吸原理而设计的电动力运行系统的磁悬浮列车,它是在车体底部及两侧倒转向上的顶部安装磁铁,在T形导轨上使电磁铁和导轨间保持10～15毫米的间隙,并使导轨钢板的吸引力与车辆的重力平衡,从而使车体悬浮于车道的导轨面上运行。

三、磁悬浮铁路技术的发展

磁悬浮技术起源于德国,1922年,德国工程师赫尔曼·肯佩尔提出了电磁悬浮原理,并于1934年申请了磁悬浮列车的专利。20世纪70年代以后,随着世界工业化国家经济实力的不断加强,为提高交通运输能力以适应其经济发展的需要,德国、日本、美国、加拿大、法国、英国等发达国家相继开始进行磁悬浮运输系统的开发,磁悬浮技术得到了长足的发展。

目前世界上有三种类型的磁悬浮技术:一是以德国为代表的常导电式磁悬浮。二

磁悬浮列车 2

是以日本为代表的超导电动磁悬浮。这两种磁悬浮都需要用电力来产生磁悬浮动力。三是中国的永磁悬浮，它利用特殊的永磁材料，不需要任何其他动力支持。

20 世纪 60 年代，随着技术的发展，特别是固体电子学的出现，给磁悬浮列车技术提供了实现的可能。1969 年，德国研制出小型磁悬浮列车系统 TR01 型，该车在 1 000 米轨道上时速达 165 千米/时，这是磁悬浮列车发展的第一个里程碑。

德国是世界上最早开展磁悬浮列车研究的国家，从 20 世纪 70 年代开始研制磁悬浮列车，采用常导磁吸方式，车辆长 15 米，宽 3.4 米，重达 20 吨，设计最高速度为 250 千米/时。1982 年德国修建了 31.5 千米的世界首条磁悬浮铁路。1983 年推出的 TR06 型磁悬浮列车由两辆车组成，长 54 米，宽 3.7 米，可载客 200 人，最高速度为 400 千米/时。

从 1962 年起，日本采用超导电动磁悬浮系统，设计制造了 ML100 型试验车，实现了 60 千米/时的悬浮运行。1975 年修建宫崎试验线，1977 年设计制造对倒 T 形导轨和跨座式 ML500 型试验车，进行了无人驾驶试验，1979 年 12 月实现 517 千米/时的世界最高速度。1985 年 3 月在筑波科

磁悬浮试验线

学城举行的国际博览会上展出并载人运行。此后完成的 HSST 系列磁悬浮列车按运营计划规定编成列车运行。列车两端的车辆长 21.8 米，载运 112 人，中间的车辆长 182 米，载运 120 人，速度 300 千米/时。1994 年日本的电动悬浮式磁悬浮列车，创造了速度 531 千米/时的日本最高纪录。1999 年日本研制的超导磁悬浮列车在实验线上达到速度 552 千米/时。随后日本磁悬浮列车又创造了速度 581 千米/时的世界纪录。

1984 年 4 月，英国设计制造了从伯明翰机场到国际火车站的低速磁悬浮列车，由于速度较低（全程运行时间 90 分钟，平均速度 25 千米/时，最高速度 48 千米/时），故采用常导磁吸式和直线异步电机推进，线路为高架复线，离地面 5 米，车辆长 6 米，高 3 米，宽 2.25 米，可载客 4 人，浮起高度恒定，为 15 毫米。实践证明，车辆运行的可靠性很高，几乎不出故障，维修费用也很低，与超导磁悬浮车辆相比，结构相对简单，投资较少。

除了日本、德国和英国以外，法国、美国、俄罗斯、加拿大等国也研制了自己的磁悬浮列车，美国结合真空管道和磁悬浮研制时速超过1 000千米/时的胶囊列车；俄罗斯计划用磁悬浮技术在雪地区域搞货运。它们分别采用常导磁吸式和超导磁斥式，车辆结构上大同小异。

四、我国磁悬浮铁路的研究

（一）我国磁悬浮铁路的发展

中国对磁悬浮列车的研究工作起步较迟，但进展很顺利。1989年，国防科技大学研制出中国第一台磁悬浮试验样车。1995年，中国第一条磁悬浮列车试验线在西南交通大学建成，并且成功进行了时速为300千米/时的试验。2001年，国防科技大学磁悬浮实验线路建成，西南交通大学的实验线路也正在建设中。同济嘉定校区内的试验线长约1.5～2千米，于2007年年底建成。轨道交通试验车于2010年研制问世。这些都标志着中国已经掌握了制造磁悬浮列车的技术。

2000年，德国与中国达成协议，在上海修建了世界上第一条进行商业运行的磁悬浮铁路。2001年，开工建设，采用了德国蒂森克虏伯—西门子的技术。2002年，这条磁悬浮列车示范线工程竣工。列车在运行过程中，与轨道保持一厘米左右距离，处于一种"若即若离"的状态。由于避免了与轨道的直接接触，行驶速度也大大提高，其正常的运营速度可以达到每小时500千米。

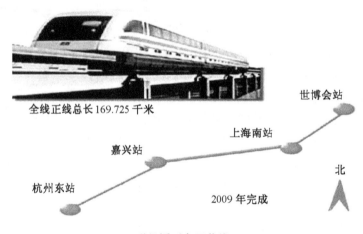

磁悬浮列车示范线

2006年，"中华01号"永磁悬浮路车模型是大连3 000米永磁悬浮试验线路的仿真微缩，专为城市之间的区域交通设计。列车在高架的磁轨上运行，设计速度为230千米/时，既可货运，又可客运，适用于大都市圈的交通运输。日本和德国的磁悬浮列车，在不通电的情况下车体与槽轨是接触在一起的，而利用永磁悬浮技术制造出的磁悬浮列车，在任何情况下车体和轨道之间都是不接触的。

中国原创的永磁悬浮与国外的磁悬浮技术相比有五大方面的优势：一是悬浮力强；二是经济性好；三是节能性强；四是安全性好；五是平衡性稳定。

2010年中国首辆高速磁悬浮国产车在成都交付，该样车由中航工业成都飞机工业（集团）有限公司制造，标志着该企业已经具备了磁悬浮车辆国产化、整车集成和制造能力。该高速磁悬浮列车速度可以达到每小时500千米。第一辆工程化样车在上海编组成列后，投入上海示范线的商业营运，并在世博会期间投入使用。

国产磁悬浮列车

2004年，我国研制成功拥有自主知识产权的MAS-3型磁浮列车。MAS-3型磁浮列车根本区别于世界上现有的德国EMS型和日本EDS型磁浮技术，磁浮技术被称为"原理没有问题，国际上没有先例"，具有独特的优势，被同行专家称为"另类磁浮"。MAS-3型磁浮样车，是利用车载磁体与轨道磁体间的吸力和斥力的共同作用来产生悬浮力，单位作用面积悬浮力比德国式的EMS型和日本式的EDS型大20%。德国EMS型磁浮每千米的造价为人民币3.3亿元，而MAS型磁浮每千米的造价仅为人民币0.5亿元，而且占地面积少得多。此外，MAS型磁浮列车与德国EMS型磁浮列车、日本EDS型磁浮列车相比，具有悬浮力大且不需控制和双向稳定的特点，悬浮、推进、导向三大系统的结构都比较简单，且能耗低、推进效率高、车厢自重轻，这些使它很有希望成为新一代的大众交通工具。

磁悬浮列车小视频

（二）我国磁悬浮铁路的优点

由于磁悬浮列车是在轨道上行驶，导轨与机车之间不存在任何实际的接触，成为"无轮"状态，故其几乎没有轮、轨之间的摩擦；磁悬浮列车可靠性大、维修简便、成本低，其能源消耗仅是汽车的一半、飞机的四分之一；它以电为动力，在轨道沿线不会排放废气，具有无污染、噪声低、载客量大等优点，因此是一种名副其实的绿色交通工具。

（三）我国磁悬浮铁路的发展前景

磁悬浮列车是一项高科技集成的技术，它的发展不仅是一项技术、一个行业自身的成熟壮大，更将带动我国变频、电子设备制造以及对外技术合作等一大批相关产业的发展，其应用前景是广阔的。

我国人口众多，资源的人均占有量远远低于世界平均水平，所以在考虑发展我国交通运输系统时，应结合我国国情，发展高速、节能、少污染、占地少的城市公共交通系统，而磁悬浮列车正是能满足这样要求的、较为现实的新型城市公共交通工具。它的发展将会大大促进我国高新技术的发展，也可带动一批新兴产业的成长。相信在不远的将来，人们有望在四川青城山旅游区乘坐国产的磁悬浮列车旅游，乘坐上海—杭州之间的超高速磁悬浮列车，从上海到杭州只需20多分钟的时间。

2019年5月23日，时速600千米/时的高速磁悬浮试验样车在青岛下线，2021年1月，世界首台高温超导高速磁悬浮样车在成都下线，时速达620千米/时，这标志我国在高速磁悬浮领域的重大突破，填补了航空（飞机巡航速度800～900千米/时）、高速铁路（350千米/时）之间的速度空白，对于完善我国立体高速客运交通网络具有重大的技术和经济意义。

科技在发展，时代在前进，展望未来，磁悬浮列车必将飞驰在中国及世界越来越多的城市公共交通铁路线上。

目前，我国普通铁路网的骨架主要由"三、四、丁、环、网"五字（三横、四纵、丁字形、环状和网状）构成。三横是指京沈—京包—包兰—兰青—青藏线、陇海—兰新北疆线和沪杭—浙赣—湘黔—贵昆线；四纵是指京沪线、京九线、京广线和北同浦—太焦—焦枝—枝柳—柳湛线；丁字形是指东北丁字形铁路线；网状是指西南网状铁路线；环状是指台湾、海南环状铁路线。试根据以上提示绘制出我国的铁路布局图。

一、判断题

（一）高速列车运行时对周边的环境没有影响，安全系数高，适于我国发展。
（　）

（二）未来高速铁路随人工智能的发展，一定能实现无人驾驶高速行驶。（　）

二、名词解释

（一）高速铁路：

（二）磁悬浮列车：

三、思考题

（一）自主创新，是一个民族发展的宝贵财富。请发挥你的聪明才智，畅想一下未来中国铁路交通发展的蓝图。

（二）试论新时代的中国高铁外交。

四、拓展题

为什么说中国高铁是中国"一带一路"发展的底气所在？

五、链接题

观看《走遍中国》系列片《了不起的高铁》。

参考答案

第十一章　PM 2.5 有可能降低吗?

——环境部分

> **导语**
>
> 　　在城市雾霾当道时,人们不禁要问:PM 2.5 真的会终结地球吗?这是因为空气质量中的可吸入颗粒物和总悬浮颗粒物是人们较为熟悉的两种大气污染物,而其中 PM 2.5 是什么引起的呢? PM 2.5 是怎么形成的呢? PM 2.5 是在什么情况下对人类造成伤害的呢?
>
> 　　那就让我们一起来了解一下到底 PM 2.5 是什么,它对人体健康有哪些危害,面对雾霾天气,我们应如何抵御 PM 2.5 的污染。
>
>
>
> **关注天气与健康:了解 PM 2.5 及危害**

一、教学目标

（一）知识目标：了解我国经济发展过程中环境污染的概况。

（二）能力目标：掌握我国经济发展过程中 PM 2.5 污染的分布特点。

（三）素质目标：理解减少 PM 2.5 对环境的污染与经济发展的关系。

二、教学重点

如何通过对 PM 2.5 环境污染的学习，思考环境保护与经济发展的关系，这种关系是当今人类要解决的核心问题。

三、教学难点

通过对 PM 2.5 环境污染的学习，使学生对环境保护与经济发展的关系具有一个全面而深刻的认识。

第一节 PM 2.5 概述

英国是世界上最早实现工业化的国家，同时也是世界上最早出现雾霾问题的国家之一。20 世纪 50 年代震惊世界的"伦敦雾霾事件"让"雾都"之名举世皆知。其中 1952 年 12 月的一次严重大气污染事件最为典型，4 天里伦敦市死亡人数达 4 000 人，两月内共造成 12 000 人死亡，这就是后来震惊世界的"伦敦雾霾事件"。

一、什么是 PM 2.5

在空气动力学和环境气象学中，颗粒物是按直径大小来分类的，粒径小于 100 微米的称为 TSP（Total Suspended Particle），即总悬浮颗粒物。

PM 2.5（PM 为 Particulate Matter 缩写，翻译为"细颗粒物"）是指大气中直径小于或等于 2.5 微米的颗粒物，也称为可入肺颗粒物。它的直径仅相当于人的头发丝粗细的 1/20，所以，直径 2.5 微米的细颗粒物是肉眼看不见的。与较粗的大气颗粒物相比，PM 2.5 粒径小，含有大量有毒、有害物质，且在大气中停留的时间长、输送距离远。科学家用 PM 2.5 表示每立方米空气中这种颗粒的含量，这个值越高，就代表空气污染越严重，因而对人体健康和大气环境质量的影响越大。

PM 2.5 颗粒

比 PM 2.5 大一点的细颗粒物是 PM 10，粒径小于 10 微米，即可吸入颗粒物。PM 10 的体积是 PM 2.5 的 64 倍，大了这么多，可是肉眼还是看不见。

比 PM 10 大的颗粒物是 PM 50。PM 50 的体积是 PM 2.5 的 8 000 倍，肉眼可见。在家里，一缕阳光射进来，光柱里有无数微尘在翻飞，那就是 PM 50 和大于 PM 50 的颗粒物。

PM 50、PM 10、PM 2.5 是 3 个临界值，空气里并非只有这 3 种直径的颗粒物，50 微米以下的、以上的任何直径长度的颗粒物都有。看得见光柱，就表明我们城市的空气已经被污染了，也就是人们常说的环境污染。

二、PM 2.5 的来源

(一) PM 2.5 的主要来源

雾霾天气发生的根本原因是大气污染排放总量超过了环境容量。雾是自然的，霾乃人祸。雾是指在相对高度的空气湿度下，在贴近地面的空气中形成的几微米到100微米、肉眼可见的微小水滴（或冰晶）的悬浮体，是一种自然的天气现象。由于液态水或冰晶组成的雾散射的光与波长关系不大，因而雾看起来呈乳白色或青白色。而霾则是悬浮在空中肉眼无法分辨的大量几微米以下的微粒，使水平能见度小于10千米的天气现象。现在公众关注的雾霾则主要是由大气中直径2.5微米以下的微小烟尘、粉尘及硫酸盐、硝酸盐、铵盐、有机物等颗粒物以及水滴叠加形成的。出现雾霾时，空气往往较浑浊，有时呈灰色或黄色，甚至红色。造成当前这种恶劣情况的主要"元凶"就是超大强度的污染源排放。

虽然自然过程也会产生 PM 2.5，但其主要来源还是人为的。人类既直接排放 PM 2.5，也排放某些气体污染物，在空气中转变成 PM 2.5。PM 2.5 是雾霾有害细颗粒的重要组成部分。

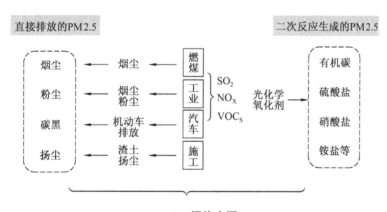

PM 2.5 污染来源

（1）直接排放的 PM 2.5 主要来自燃烧过程。比如化石燃烧（煤、汽油、柴油等）的燃油尘、生物物质（秸秆、木柴等）的燃烧、垃圾焚烧、餐饮油烟尘。

（2）在空气中转化的 PM 2.5 的气体污染物。这主要是甲醛、二氧化硫、氮氧化物、氨气、硝酸盐、硫酸盐等挥发性有机物。

（3）其他的人为来源。这包括机动车尾气尘、道路扬尘、建筑水泥尘、建筑施工扬尘、工业粉尘、厨房油烟气等。

（4）自然来源。包括风扬尘土、火山灰、森林火灾、漂浮的海盐、细菌、真菌孢子等。

（二）PM 2.5 的组成成分

PM 2.5 的来源复杂，成分自然也很复杂。主要成分有碳、有机碳化合物、硫酸盐、硝酸盐、铵盐。其他的常见成分包括各种金属元素，既有钠、镁、钙、铝、铁等地壳中含量丰富的元素，也有铅、锌、砷、镉、铜等源自人类污染的重金属元素。

以 2010 年北京 PM 2.5 来源为例，尘土占 20%；由气态污染物转化而来的硫酸盐、硝酸盐、铵盐分别占 17%、10%、6%；燃煤、使用汽油和柴油排放的废气贡献 14%；其余的成分如植物碎屑、农作物以及吸烟也占一定比例。

（三）PM 2.5 形成的地理条件

主要有两方面条件：一是地面回暖缓慢，静稳气象条件不利于污染物扩散，短期内难以显著改善；二是污染物快速积累，与偏南风导致的跨区域输送有很大关联。

第二节　PM 2.5 带来哪些影响

与较粗的大气颗粒物相比，PM 2.5 粒径小，含有大量的有毒有害物质，且寿命长、输送距离远，因而对人体健康和大气环境质量的影响更大，对空气质量和能见度的影响要比 PM 10 更直观。以 PM 2.5 为代表的"超细灰尘"污染已引起了人们的广泛关注。

在我国以 PM 2.5 为代表的空气污染问题被首次纳入空气质量监测指标，是在 2011 年年底通过中国网络引起广泛重视。

一、对人体健康的影响

PM 2.5 颗粒物可通过气血交换进入血管，目前这些小颗粒物对细胞损伤已是公论。当 PM 2.5 日均浓度增加时，心血管病急诊患者数量也会有所增加。世界卫生组织发布的报告显示，无论是发达国家还是发展中国家，目前大多数城市和农村人口均遭受到颗粒物对健康的影响。高污染城市中的死亡率超出相对清洁城市 15% 至 20%。在欧洲，PM 2.5 每年导致约 386 000 人死亡，并使欧盟国家人均期望寿命减少 8.6 个月。人体的生理结构决定了人体对 PM 2.5 没有任何过滤、阻拦能力，因而 PM 2.5 对人类健康的危害随着医学技术的进步，逐步暴露出其恐怖的一面。

PM 2.5 对健康的影响

(一) 引发呼吸系统方面的疾病

由细颗粒物造成的灰霾天气对人体健康的危害远比沙尘暴更大，2.5 微米以下的颗粒物，75% 在肺泡内沉积。这就如同眼睛里进了沙子，眼睛会发炎一样。呼吸系统的深处也是一个敏感的环境，细颗粒物作为异物长期停留在呼吸系统内，同样会让呼吸系统发炎。粒径 10 微米以上的颗粒物，会被挡在人的鼻子外面；粒径在 2.5 微米至 10 微米之间的颗粒物，能够进入人的上呼吸道，但部分可通过痰液等排出体外，另外也会被鼻腔内部的绒毛阻挡，对人体的健康危害相对较小；而粒径在 2.5 微米以下的细颗粒物，直径相当于人类头发的 1/10，不易被阻挡，被吸入人体后会直接进入支气管，刺激呼吸道，干扰肺部的气体交换，从而引发咳嗽、呼吸困难、哮喘、慢性支气管炎等呼吸系统的疾病。其中，老人、小孩以及心肺疾病患者是 PM 2.5 污染的主要敏感人群。

(二) 损害血液、引发心血管病的罪魁祸首

2.5 微米是可以到达肺泡的临界值，PM 2.5 以下的细颗粒物，上呼吸道挡不住，它们可以顺利下行，进入细支气管、肺泡。我们的呼吸系统像植物的根系，自上而下，气管分出支气管，支气管分出密密麻麻的细支气管，密密麻麻的细支气管又连着密密麻麻的肺泡，肺泡的数量有三四亿个。吸进去的氧气最终进入肺泡，再通过肺泡的壁进入毛细血管，再进入整个血液循环系统。PM 2.5 会与身体中的血红蛋白相结合，从而影响血液的输送，这对患有贫血和血液循环障碍的病人来说，可能产生严重的后果。如加重呼吸系统疾病，甚至引起充血性心力衰竭和冠状动脉等心脏疾病。每个人每天平均要吸入约 1 万升的空气，这些颗粒通过支气管和肺泡进入血液，进入肺泡的微尘可迅速被吸收，不经过肝脏解毒直接进入血液循环分布到全身，其中的有害气体、重金属等溶解在血液中，对人体健康的伤害更大。

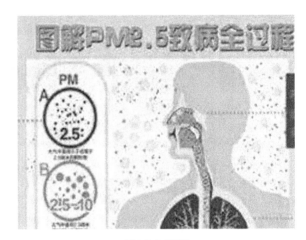

PM 2.5 的健康危害　　　　　　　　　　PM 2.5 图解

（三）癌症的诱发因素

细菌是人所共知的致病之源，PM 2.5 和细菌有相似之处。PM 2.5 是直径为 2.5 微米的细颗粒物，细菌则是微米级生物，大小多为 1 微米、几微米，也有十几微米的。也就是说，PM 2.5 和细菌一般大小。细菌进入血液，血液中的巨噬细胞（免疫细胞的一种）立刻过来把它吞下，它就不能致人生病，这如同老虎吃鸡。PM 2.5 进入血液，血液中的巨噬细胞以为它是细菌，也立刻过来把它吞下。巨噬细胞吞惯了细菌，细菌是有生命的，是巨噬细胞的食物。可 PM 2.5 是无生命的，巨噬细胞吞了它，如同老虎吞下了石头，最终被噎死，那么我们的免疫力就下降了。

致病病毒搭"顺风车"进入体内而致癌。城市大气颗粒物中的多环芳烃与居民肺癌的发病率和死亡率相关。多环芳烃进入人体的过程中，细颗粒物扮演了"顺风车"的角色，大气中的大多数多环芳烃吸附在颗粒物的表面，尤其是粒径在 5 毫米以下的颗粒物上，大颗粒物上的多环芳烃很少。也就是说，空气中细颗粒物越多，我们接触致癌物——多环芳烃的机会就越多。不仅如此，被噎死的巨噬细胞可释放出一种物质，这种物质可导致细胞及组织发生炎症，进而 PM 2.5 中的某些成分会使人体产生病变，从而诱发癌症。

（四）影响胎儿发育的隐形杀手

近年来，人类的生殖能力正在明显下降，环境污染被认为是罪魁祸首。对接触高浓度 PM 2.5 的孕妇进行研究，发现高浓度的细颗粒物污染可能会影响胚胎的发育。更多的研究发现，大气颗粒物质的浓度与早产儿、新生儿死亡率的上升，低出生体重、宫内发育迟缓（IURG），以及先天功能缺陷具有相关性。

可见，PM 2.5 比细菌更易致病，进入血液的 PM 2.5 越多，我们的健康就越有问题。

二、对环境的影响

PM 2.5 越来越被大家关注，成为社会热点话题。但是，PM 2.5 和雾霾、雾之间，到底存在着怎样的关系呢？大气中的颗粒物能对光散射和吸收，能显著减弱光信号，大幅降低有效视距，因而 PM 2.5 会人为导致城市能见度下降，产生阴"霾"天气。霾跟我们通常所说的雾是不同的。当大量极细微的包括 PM 2.5 在内的颗粒均匀地浮游在空中，造成空气混浊，使水平能见度小于 10 千米，并且相对湿度小于或等于 80%，这时呈现的天气现象称为霾天气。而雾是低层水汽发生过饱和凝结而成的气象现象，多呈乳白色，大多在下半夜形成，清晨日出前最浓，日出后渐渐消散。霾和雾的区别在于水汽含量的大小，当水汽含量达到 90% 以上叫雾，低于或等于 80% 叫霾。霾虽然会和大雾天气一样，渐渐消散，但和单纯的雾相比，霾是空气遭受污染的产物，所以"霾"天气比雾天更易致环境污染。

（一）增加有害物质，污染空气

PM 2.5 浓度的增加，直接导致灰霾天气频发和空气中有毒有害物质的增加。虽然 PM 2.5 在地球大气成分中含量很少，但它对空气质量和能见度等有重要的影响，对人体健康和大气环境质量的影响更大。由于经济规模迅速扩大和城市化进程加快，大气气溶胶污染日趋严重，由气溶胶造成的能见度恶化事件越来越多，这些人类活动排放的污染物，

受 PM 2.5 影响地区

包括直接排放的气溶胶和气态污染物通过化学转化与光化学转化形成的二次气溶胶，可形成灰霾，致使能见度下降。也有人将其称为烟尘雾、烟雾、干雾、烟霞、气溶胶云、大气棕色云。

霾本来是一种自然现象，但随着人类活动的影响，由大气污染物诱发的低能见度事件的出现频率越来越高。在我国东部城市区域经常会出现灰霾天气。

（二）严重危害城市环境，影响结构布局

由于经济规模的迅速扩大和城市化进程的加快，中国城市灰霾天气主要表现在以下几个方面：

（1）通过分析全国 743 个地面气象站的资料，对霾的长期变化趋势有如下认识：1956—1980 年，全国霾日都比较少，仅四川盆地和新疆南部超过 50 天；1980 年以后，

全国霾日明显增加；到21世纪，东部大部分地区几乎都超过100天，其中部分区域超过150天。

（2）霾日排在前10位（日数相同的亦同时并列列出）的城市依次是辽宁沈阳、河北邢台、重庆市区、辽宁本溪、陕西西安、四川成都和遂宁、湖北老河口、新疆和田、四川内江等，主要集中区域在辽宁中部、四川盆地、华北平原、关中平原以及受沙尘暴影响较多的南疆地区。

（3）就全国而言，12月和1月霾天气日数明显偏多，两个月霾日数的总和达到了全年的30%；9月霾天气日数最少，约占全年的5%。

（4）具有霾日增加变化趋势的站点主要分布在东部和南部，包括华北、黄淮、江淮、江南、江汉、华南以及西南地区东部，都是我国东部一些经济和工业比较发达的地区。具有霾日减少变化趋势的站点主要分布在东北、内蒙古和西北地区东部，这些地方的经济和工业水平相对滞后，东北地区虽为老工业基地，但近年来工业结构的调整和环境治理的改善使当地的霾日数逐渐减少。

目前，灰霾影响全国面积约为143万平方千米，约占国土面积的15%，重霾面积约为81万平方千米。灰霾主要集中在北京、河北、辽宁、山西、山东、河南等地。其中，我国京津冀、长三角、珠三角等区域性新型大气复合污染日益突出，上海、南京、杭州、苏州、天津、北京、广州、深圳等大城市的灰霾天数也较多。我国经济发达的三大城市群，广州灰霾天气在1997年创纪录地达到216天；北京在2002年前后达200多天；南京则在2002年前后连续几年灰霾天气超过250天。近年来，随着环境保护意识的加强和保护手段的实施，长三角区域的空气复合污染已得到明显好转。经长期治理，2021年全国PM2.5年平均浓度为30微克/立方米，比2020年下降9.1%。

第三节　PM 2.5 的治理

一、PM 2.5 的传统治理方法

（一）植树种草

人与自然是生命共同体，应通过植树种草的方式最大限度地发挥自然的促进作用。2000年以来，全球新增绿化面积1/4来自中国，但灰霾天主要发生在相对湿度较低的

冬春季，此时植物的自化能力很有限，因而植树种草在冬春季对环境的改善能力有限。

（二）火电厂污染源控制

自2014年制定了"超低排放改造"政策以来，中国火电厂80%以上已安装脱硫除尘装置，二氧化硫、氮氧化物和烟尘排放量下降超过60%，若进一步提升排放标准，将大幅度提高火电成本，当成本转嫁时会导致社会成本大幅增加，而且火电厂所占的污染源在城市，PM 2.5只是很小一部分。

（三）农作物的燃烧处理

秸秆焚烧会加重大气污染，可以严禁焚烧。但控制燃烧农作物会导致政府成本大幅增加且难以控制管理，而对农作物废物（如秸秆）的处理实现补贴也不是长久之计。对于农田，燃烧农作物的好处大于坏处，即使造成污染，其毒性也较低。在农业不能大规模集成化生产之前，农作物的废物处理依然是难以解决的问题。在有些地区，政府投入资金修建沼池，但其维护的人工成本高，致使很多人放弃；而采用液化气，改善环境污染的效果也并不理想。

（四）工业排放污染的控制

工业企业污染是造成我国大气污染的罪魁祸首，可以关掉一些污染严重的企业，强制排污企业做到污染零排放。工业区的外迁和控制工业污染虽然能解决集中的污染，但从一个区域到另一个区域使得污染更加分散，大气污染浓度值更高。技术的改进能控制污染源，但短时间内提升排放标准会使得众多中小型企业难以承受，强制推行会导致区域性的经济问题。

（五）汽车污染源的控制

对于汽车尾气造成的大气污染，可以通过限制排放和改装设备强制使用洁净能源，提升排放标准等措施加以控制。但由于机动车数量庞大，增速快，致使汽车污染已成为城市PM 2.5的主要污染源。

二、PM 2.5 的现代治理方法

（一）实施更为严格的汽车排放标准

1. 提高燃油品质

提高燃油品质，实施更严格的汽车排放标准，是治理PM 2.5的有效手段。应尽快编制我国汽车排放标准及相应油品标准，并提出实施计划。目前我国许多大城市都实行了国V标准的车辆准入制度。欧美、日本等国家地区制定和实施汽车排放标准时，一直将车和油作为一个系统，同步实施汽车和油品的排放标准，确保汽车排放技术顺利升级。我国的燃油品质严重地拖了提高汽车排放标准的后腿，而油品升级的障碍并非在于技术,最为关键的是要走出"油价涨、炼油亏"的生产布局怪圈,成品油价格机制亟待理顺。

2. 降低在用车尾气排放的污染

除了对新生产车辆实行严格的准入制度外,加速淘汰高排放"黄标车"、降低用车排放是治理 PM 2.5 的重要手段。"黄标车"尾气排放的污染物是同类满足欧IV标准汽车的 20 倍左右。日本 2002 年就推出了相关法律,禁止在规定地区使用不符合排放标准的卡车、巴士和柴油乘用车,所有在用的行驶在公路上的各种汽车也都装上了尾气过滤器,促进了整体大气环境的改善。我国也应加速淘汰"黄标车",对在用车辆实施加装尾气处理装置的强制措施。

3. 发展新能源汽车,推广使用清洁代用燃料

国家近年来出台了多项节能与新能源汽车发展规划,在积极研制电动汽车与混合动力汽车的同时,针对技术成熟度高、减排效果显著的代用燃料汽车,编制、出台了促进政策,大力发展、推广天然气、生物燃料、二甲醚汽车。可以先从行驶里程长、排放多的出租车、公交车等公共交通工具做起,对使用代用燃料汽车者在价格、税收方面给予优惠政策,促使其全面应用。

(二) 制定严格的监控体系

通过采取连续、持久的污染控制措施可从根本上控制 PM 2.5。自 20 世纪 70 年代开始,欧美国家开始发布量化指标限制空气中颗粒物的浓度。虽然在初期,欧美国家制定的空气质量准则对颗粒物的限定比较笼统,没有对颗粒物的大小进行细分,但随着时间的推移,这些国家对 PM 2.5 浓度已经提出了更为严格的限定标准。

按照美国目前的标准,PM 2.5 日均浓度上限为每立方米 35 微克,年均浓度上限为每立方米 15 微克;欧盟的空气质量标准也包含对 PM 2.5 年均浓度的要求。亚洲国家如印度,也开始监测 PM 2.5 浓度。印度 2009 年新修订的标准取消了对总悬浮颗粒物的控制指标,新增加 PM 2.5 的限制指标,要求工业区、居住区、农村等地区的 PM 2.5 年均和日均浓度都不得超过每立方米 40 微克。

虽然我国目前已有成熟的 PM 2.5 监测技术,并且已经在部分城市开展了包括 PM 2.5 在内的城市空气质量试点监测工作,但由于在全国统一开展 PM 2.5 监测,涉及仪器设备购置安装、数据质量控制、专业人员培训、财政资金支持等大量系统的准备工作和能力建设工作,因此目前在全国范围内全面开展 PM 2.5 监测工作还有一定难度。随着碳中和政策在全国的推广,我国的监控体系将更加完善。

(三) 完善配套治理措施,加快产业结构升级

我国之所以迟迟未把 PM 2.5 纳入强制性监测指标,一个重要的原因是,在尚未全

面完成产业结构升级的情况下，部分城市目前 PM 2.5 的浓度可能是达标国家的数倍，即使制定了 PM 2.5 监测标准，要实质性控制 PM 2.5 的浓度仍面临着很大的难度。要解决当前突出的光化学烟雾、灰霾等问题，需要实施二氧化硫、氮氧化物、颗粒物、挥发性有机物等多污染物协同减排，深化工业污染防治，同时加强移动源和面源污染的治理工作。奥运会、世博会和亚运会空气质量保障的成功经验表明，对于区域大气污染问题，必须加强联防联控机制，提高联防联控能力，区域内各行政辖区协同控制，才能有效减少灰霾天数。因此，在"监测容易控制难"的背景下，我国宜在技术、制度、资金等方面出台适当的配套治理措施，参照国外已有的技术标准和管理经验，切实控制 PM 2.5 浓度。

（四）改变燃料构成，深化污染减排，提高环境准入门槛

在大气污染联防联控重点区域，积极推进使用清洁能源，对城区重污染企业实施搬迁和节能环保技术改造。改变燃料构成，选用低硫燃料，对重油和煤炭进行脱硫处理，并同时注重对太阳能、氢燃料、地热等新能源的开发和利用，以达到节能减排的目的。推进电力行业和钢铁、石化等非电行业二氧化硫减排治理，加快燃煤机组脱硝设施建设，加强水泥行业氮氧化物治理。在重点区域实施更加严格的大气污染物排放标准特别限值，禁止新建、扩建除热电联产以外的燃煤电厂、钢铁厂、水泥厂，提高环境准入门槛，大力发展环保产业。

（五）工业合理布局，实行区域集中供热，控制大气污染源

改变工业的布局形式，使工业布局尽可能合理，可方便污染物的扩散，利于工厂之间互相利用废气，从而减少废气排放量。冬季实行区域集中供热，这是城市大气污染防治的有力措施，尤其是北方城市，采用集中供暖方式，将分散的锅炉用集中的大锅炉替代，可有效地达到除尘、控制二氧化硫和氮氧化物的排放。北方城市冬春两季，植物的自净化作用几乎为零，很多水面结冰，水域自净化能力也很低，可在此时结合人工方法进行治理，如人工降雨、降雪。雨后和潮湿的天气，灰霾会大幅缓解，此方法对大气增湿效果好，成本低。

三、PM 2.5 的综合治理

以上提到的几种治理手段有长效、有速效，综合治理则是从不同方面、不同角度，对 PM 2.5 进行治理。如对汽车产业的改革，不论是淘汰大排量汽车还是对新能源的利用，都是一个缓慢的过程，而在此过程中，则可结合绿化、集中供热等方法在短期内改善环境。PM 2.5 的治理目标不是一朝一夕就能实现的，它是一个相对漫长的过程。因此，在对 PM 2.5 的治理工作中需要大众的环境保护意识的不断提高。群众作为一个

国家的主体，其作为对 PM 2.5 有举足轻重的影响。因此，只有提高大众的环境保护意识，以上措施才有实行的可能。

（一）防治雾霾是一场长期战争

治理雾霾是一个长期的过程，美国洛杉矶从 1943 年第一次出现雾霾到 1970 年《清洁空气法》的出台经历了整整 27 年，在这一过程中也曾遇到各种各样的阻力。

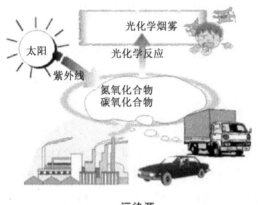

污染源

美国在 1943 年遭遇突如其来的烟雾事件之后，雾霾在洛杉矶出现得越来越频繁，居民出现恐慌。政府很快关闭了市内一家化工厂，他们认定化工厂排出的丁二烯是污染源，但之后雾霾并没有缓解。此后政府又宣布全市 30 万焚烧炉是罪魁祸首，居民们被禁止在后院使用焚烧炉焚烧垃圾。可是这些措施出台后雾霾没有减少，反而发生得越来越频繁了。1955 年 9 月，洛杉矶再次发生了严重的光化学烟雾污染事件。

1970 年 4 月，2 000 万民众在全美各地呼吁保护环境，立法机构开始意识到环境保护的迫切性，这一天后来被美国政府定为"地球日"。促成了美国 1970 年《清洁空气法》修正案的出台。

为了筹备奥运会，北京市坚持不懈地治理环境，包括搬迁和关停了近 200 家污染比较重的企业，以及对机动车的尾气排放控制。从 2000 年以后，北京市机动车的尾气排放总量一直在下降。尽管车辆的总数一直在增加，但是一氧化碳、碳氢、氮氧化物等污染物总体排放水平还是下降的。但这些措施的成效不大，污染控制措施只减少了大气中微粒总量的 10%～15%。后来发现风向对当地的污染程度影响极大，虽然当地的排放减少了，但由于当地盛行南风和东南风，从其他工业地区带来的污染物影响了北京空气的大气质量。

在北京市治理环境的同时，河北省的钢铁工业却在突飞猛进地发展，成为国内最大的钢铁生产基地。2018 年全国空气污染最严重的城市排名中，河北有多个城市上榜。所以，北京市的大气污染治理必须采取区域联合治理的方式。近年来，通过去产能等方式，北京的 PM 2.5 比同期下降了 20.5%。

（二）公众的理性不要被雾霾"污染"

互联网上关于"核雾染"的谣言曾传得沸沸扬扬，称含铀煤矿燃烧后的放射性粉尘导致了雾霾。很多人轻信"核雾染"谣言，究其原因，首先是近年来雾霾等空气污染严重，而雾霾的成分还有很多未知之处；另外，"核雾染"谣言并非初次发生，也不是个案，有些传言也越来越耸人听闻，如中国北方人因雾霾污染会比南方人减少5.5年寿命等。

如何应对这些谣言呢？首先，公众应多了解一些有关雾霾的常识，以提高对网上谣言的辨识度。我国雾霾天气发生的根本原因是大气污染排放总量超过了环境容量，冬季燃煤采暖、机动车尾气排放、化工产业有机物挥发、农村燃烧秸秆等，都是导致雾霾污染严重的"元凶"。

其次，科学防护，减少雾霾给健康带来的危害。现阶段人们应多掌握一些防护雾霾的常识，如雾霾天尽量减少户外锻炼，尽量减少外出，外出可戴棉质口罩来防护，外出后及时清洗皮肤，尽量少去人多的地方等。

最后，有关部门与社区应积极主动做好防治雾霾的科普宣传工作，消除公众的恐慌心理。

总之，通过政府与社会各界的共同努力，雾霾问题最终会迎刃而解。而在现阶段，公众的理性应首先不被雾霾"污染"。

（三）政府部门及社会各界需共同努力，治理雾霾，保护环境

环境污染问题，尤其是PM 2.5的污染，如果我们不重视，恐怕人类连最基本的生存权都要失去了。无论我们的物质文明多么发达，精神文明多么丰富，如果不去主动治理，一切都将失去意义。所以，治理环境污染，发展生态文明是当务之急。

首先，对于政府来讲，要改变"一煤独大"的能源结构，推进国土绿化，构造生态安全屏障。要加强制度建设，转变经济发展方式，包括建立新的环境保护制度和完善有关环境保护的科学决策制度。如推动能源多元化，转变经济发展模式，改造升级传统产业，加快淘汰落后产能力度，继续推进产业节能减排，积极调整产业结构，大力发展循环经济和再制造产业等，走绿色发展之路。

其次，企业要主动承担社会责任，通过科技和资金投入，淘汰污染严重的产业或产能，大力发展绿色环保型产业。要严格遵守国家的环境法律法规和政策，加强管理，在生产源头和全过程控制能源消耗，加强环境治理，减少污染物排放，创新技术，逐渐向更环保的产业模式转变。随着各国化石能源的高消耗和二氧化碳大量排放，大气中温室气体浓度和气温明显升高。在这一背景下，世界各国以全球协约的方式减排温室气体，我国由此提出碳达峰和碳中和的目标。碳达峰，是指我国承诺努力争取2030年前二氧化碳的排放总量不再增长，达到峰值之后逐步降低；碳中和，是指企业、团体或个人测算在一定时间内产生的温室气体排放总量，然后通过植树造林等方式，抵

消自身产生的温室气体排放量，我国努力争取 2060 年前实现碳中和，即实现温室气体"净零排放"。

最后，需要全民参与，告别"口头环保"，提倡绿色生活方式。空气污染，我们每个人都是或多或少的"制造者"，也是最终的"受害者"。我们要从我做起，践行创新、协调、绿色、开放、共享的发展理念，从点滴做起，树立低碳环保的意识，合理使用机动车，多乘坐公交，减少尾气排放，同时要避免过度装修，节约生活资源，杜绝铺张浪费。只有每个公民都把自己作为环境治理的一分子，不断增强环保意识和对各种形形色色的污染说"不"的自觉性，才能形成解决环境问题的合力，为美丽祖国做出自己应有的一份贡献。

党的十八大就提出了"美丽中国"的伟大构想，绿水青山就是金山银山，改善生态环境就是发展生产力，反映了广大人民群众对蓝天白云、绿水青山的期待。当前，全国多地遭遇的"会呼吸的痛"，更让我们深刻地认清了当前环境污染严重的现实和建设美丽中国的重要性与迫切性。但愿这场祸及全国的雾霾能够让我们尽早清醒，更多地去思考健康和发展的协调问题，这才是国家之福，人民之幸。总之，实现碳达峰是衡量一个国家或地区发展阶段和现代化水平的关键标志之一。应对环境污染，道阻且长，但行则将至。生态文明建设不是一朝一夕可以完成的任务，需要全国各族人民齐心协力，为保护我们的生存环境而努力。只要全国各族人民戮力同心，就一定能建成一个青山常在、绿水长流、空气常新、共同繁荣、命运与共的美丽中国。

1. 为什么人类的发展要大量使用燃煤？
2. 如何才能以更清洁或燃煤更少的方法来实现生产呢？

一、判断题

（一）PM 2.5 粒径小，含有大量有毒、有害物质，且在大气中停留的时间短、输送距离近。这个值越高，就代表空气污染越严重，因而对人体健康和大气环境质量影响越大。（　　）

（二）霾虽然会和大雾天气一样，渐渐消散，但和单纯的雾相比，霾是空气遭受污染的产物，所以霾天气比雾天气更易致环境污染。（　　）

二、名词解释

（一）PM 2.5：

（二）霾：

三、思考题

（一）PM 2.5 的主要来源是什么？

（二）PM 2.5 会带来哪些影响？

（三）如何治理 PM 2.5？

四、拓展题

PM 2.5 只是众多环境问题的一种，你还知道哪些环境问题吗？请按严重程度列举你的家乡存在的 5~10 个环境问题。

五、链接题

1. 联合国环境规划署。
2. 生态环境部。
3. WWF 世界自然基金会。
4. 环境教育杂志。

参考答案

第十二章　到哪里去找寻人类智慧的结晶？
——世界遗产部分

导语

有一种精神，穿越历史的云烟，历久弥新；有一种怀念，历经时代的风雨，更臻醇厚。

书写过往，不是为了回到过去，而是不论走多远，都要记住来处。不忘初心，记着那些最初、最质朴的美好——世界遗产。

世界遗产是指被联合国教科文组织和世界遗产委员会确认的人类罕见的、目前无法替代的财富，是全人类公认的具有突出意义和普遍价值的文物古迹及自然景观。它包括"世界文化遗产""世界自然遗产""世界文化与自然遗产""文化景观"四类。世界遗产，之于人类是文明的载体，之于时代是风华的缩影。

联合国教育、科学及文化组织大会于1972年10月17日至11月21日在巴黎举行了第十七届会议，会上通过了《保护世界文化和自然遗产公约》（以下简称《公约》）。1976年，世界遗产委员会成立，并建立了《世界遗产名录》。被世界遗产委员会列入《世界遗产名录》的地方，将成为世界级的名胜。

回望相传的薪火，书写文化和遗产的传承，是时代赋予我们的神圣职责。穿越文明的时光，品嚼精神与智慧的食粮，见识那人类宝贵遗产的篇章。

至今，中国已有56处文化遗址和自然景观列入《世界遗产名录》，其中文化遗产33处，自然遗产14处，文化和自然"双遗产"4处，文化景观5处。至此，我国的世界遗产总数居世界第一。

一、教学目标

（一）知识目标：了解世界遗产，尤其是世界遗产在我国的分布概况。

（二）能力目标：掌握世界遗产在我国的分布特点。

（三）素质目标：通过对世界遗产的认识与学习，提高学生的思想内涵。

二、教学重点

加强对世界遗产在我国社会发展进程中所起的作用的理解与感悟，培养学生的动手能力（绘制世界遗产在我国的分布图）。

三、教学难点

通过对世界遗产在我国分布的学习，如何更好地使学生从世界遗产中汲取人类文明的营养，提高自身人文素质。

我国世界遗产已有56处

33处 文化遗产
- 长城
- 明清皇宫（北京故宫、沈阳故宫）
- 秦始皇陵及兵马俑坑
- 敦煌莫高窟
- 周口店北京人遗址
- 河北承德避暑山庄及周围寺庙
- 山东孔子文化历史建筑群
- 湖北武当山古建筑群
- 拉萨历史建筑群
- 云南丽江古城
- 山西平遥古城
- 苏州古典园林
- 颐和园
- 北京天坛
- 重庆大足石刻
- 明清皇家陵墓
- 安徽皖南古村落
- 洛阳龙门石窟
- 四川都江堰和青城山
- 山西云冈石窟
- 中国高句丽王城、王陵及贵族墓葬
- 澳门历史城区
- 河南安阳殷墟
- 广东开平碉楼与古村落
- 福建土楼
- 河南登封历史建筑群
- 内蒙古元上都遗址
- 丝绸之路（天山廊道）
- 京杭大运河
- 土司遗址
- 福建鼓浪屿
- 良渚古城遗址
- 泉州：宋元中国的世界海洋商贸中心

14处 自然遗产
- 四川九寨沟风景名胜区
- 四川黄龙风景名胜区
- 湖南武陵源风景名胜区
- 云南"三江并流"
- 四川大熊猫栖息地
- 中国南方喀斯特
- 江西三清山
- 中国丹霞地貌
- 云南澄江帽天山化石
- 新疆天山
- 湖北神农架
- 青海可可西里
- 贵州梵净山
- 黄（渤）海候鸟栖息地（第一期）

4处 文化与自然"双遗产"
- 山东泰山
- 安徽黄山
- 四川峨眉山—乐山
- 福建武夷山

5处 文化景观
- 江西庐山
- 山西五台山
- 杭州西湖
- 云南哈尼梯田
- 左江花山岩画

第一节 世界遗产名录——中国名录

一、世界遗产名录——中国文化与自然双重遗产

1. 山东泰山（1987.12）

泰山位于山东省泰安市区。

泰山，古名岱山，又称岱宗，有"五岳独尊"之誉，为中国之"国山"。既是"天然的山岳公园"，又是"东方历史文化的缩影"。

泰山自然景观雄伟绝奇，有数千年精神文化的渗透渲染和人文景观的烘托，是中华民族的象征，被誉为中华民族精神文化的缩影。泰山是"天人合一"思想的寄托之地，构成长达10千米的地府—人间—天堂的一条轴线。泰山既有突出的自然科学价值，又有突出的美学和历史文化价值，是一座融自然科学与历史文化价值于一体的神奇大山。

2. 安徽黄山（1990.12）

黄山位于安徽省南部黄山市西北风景秀丽的皖南山区。

泰山

黄山是我国最著名的山岳风景区之一，向以"三奇""四绝"名冠于世。山体伟特，玲珑巧石，万姿千态，标志性景点"迎客松"独步天下。黄山美在劈地摩天的奇峰、玲珑剔透的怪石、变幻无常的云海、缥缈欲仙的温泉，故称"四绝"。"五岳归来不看山，黄山归来不看岳""任他五岳归来客，一见天都也叫奇"，天下名景集黄山，泰岱的雄伟、华山的峻峭、衡岳的烟云、匡庐的飞瀑、雁荡的怪石、峨眉的清凉，黄山兼而有之。黄山胜景，以峰为体，这里峰林如海、辟地摩天、危崖突兀、幽壑纵横。春、夏、秋、冬四季景色各异，美不胜收，是集世界文化遗产、自然遗产与世界地质公园三项桂冠于一身的"天下第一奇山"。

黄山

峨眉山风景区

3. 四川峨眉山—乐山（1996.12）

峨眉山位于四川省峨眉山市境内。峨眉山景区有山峰相对如蛾眉，故名，是举世闻名的普贤菩萨道场，是著名的旅游胜地和佛教名山，有"峨眉天下秀"之称。最高峰万佛顶海拔3 099米，在金顶可欣赏"日出""云海""佛光""圣灯"四大绝景，"佛光"是峨眉山最壮美的奇观。景区面积154平方千米，是一个集自然风光与佛教文化为一体的中国国家级山岳型风景名胜区。

乐山风景区位于乐山市城东岷江、青衣江、大渡河三江汇合处，是依凌云山栖霞峰临江峭壁凿造的一尊弥勒坐像。

乐山大佛始凿于唐开元元年，历时90余年方建成，其意义是消减水患，造福民众。它有"山是一尊佛，佛是一座山"之称，是世界上最大的石刻大佛。

乐山大佛

4. 福建武夷山（1999.12）

武夷山位于福建省武夷山市。

闻名中外的武夷山风景名胜区及武夷山自然保护区属中亚热带气候，境内东、西、北部群山环抱，峰峦叠嶂，中南部较平坦，为山地丘陵区。地貌层次分明，呈梯状分布。地势由西北向东南倾斜，最高处黄岗山海拔 2 158 米，在我国大陆称为"华东屋脊"。最低处兴田镇，海拔 165 米（河床标高海拔 160 米）；最高与最低点落差 1 993 米，地势高低相差之大，为全省之最。

武夷山

二、世界遗产名录——中国文化景观

庐山

1. 江西庐山（1996.12）

庐山位于江西省北部鄱阳湖盆地，九江市庐山区境内。

庐山属地垒式断块山，位于中国第一大河长江中游南岸，中国第一大淡水湖鄱阳湖滨。大山、大江、大湖浑然一体，险峻与柔丽相济，素以"雄、奇、险、秀"闻名于世。庐山富有独特的文化韵味，具有重要的科学价值与美学价值。庐山风景名胜区面积 302 平方千米，外围保护地带 500 平方千米。庐山有独特的第四纪冰川遗迹，有河流、湖泊、坡地、山峰等多种地貌类型，有地质公园之称。

2. 山西五台山（2009.6）

五台山位于山西省东北部忻州地区的五台县境内东北部。

五台山由东、南、西、北、中五座山峰环绕而成，五峰耸峙，高出云表，顶无

五台山

林木，平坦宽阔，犹如垒土之台，故名五台山。盛夏时节，绿草红花与台顶千年不化的坚冰为伴，景色秀美，气候凉爽，又名清凉山。北台称叶斗峰，海拔3 058米，素有"华北屋脊"之称，西台称挂月峰，中台称翠岩峰，东台称望海峰，南台称锦绣峰。五座山各有特色，各具风韵。每到盛夏，五座山山花烂漫，香气四溢，令人陶醉。

五台山是世界五大佛教圣地之一，位居中国四大佛教名山之首，是国务院首批公布的国家级重点风景名胜区、国家森林公园、国家对外推出的35张旅游王牌产品之一、中华十大名山之一、国家首批4A级旅游区。

五台山自东汉永平十一年（68）开始建庙，历时近2 000年，形成了国内唯一的一处由青庙（汉传佛教）、黄庙（藏传佛教）并居一山共同讲经说法的道场，被誉为中国佛教的缩影，是世界著名的佛教圣地。五台山迄今仍保存着北魏、隋、唐、宋、元、明、清7个朝代的寺庙建筑47处，荟萃了7个朝代的彩塑、5个朝代的壁画，堪称典范的古建艺术。南禅寺是世界上现存最古老的木结构建筑，被誉为中华瑰宝。佛光寺被世人誉为东方古建明珠、亚洲佛光。五台山的标志性建筑塔院寺大白塔，为我国现存元代覆钵式塔中的最高建筑。

3. 杭州西湖（2011.6）

西湖位于浙江省杭州市的西部。

杭州西湖文化景区总面积为3 323公顷，由西湖自然山水、"三面云山一面城"的城湖空间特征、"两堤三岛"景观格局、"西湖十景"题名景观、西湖文化史迹和西湖特色植物6大要素组成。该景观秉承"天人合一"的哲理，在10多个世纪的持续演变中日臻完善，成为景观元素特别丰富、设计手法极为独特、历史

西湖

发展尤其悠久、文化含量格外厚重的"东方文化名湖"。杭州西湖文化景区是文化景观的一个杰出典范，它极为清晰地展现了中国景观的哲学与美学思想的高度统一，对中国乃至世界的园林设计影响深远。

4. 云南哈尼梯田（2013.6）

哈尼梯田位于云南省东南部红河哈尼族彝族自治州境内的哀牢山脉。

红河哈尼梯田文化景观是以哈尼族为主的各族人民利用"一山分四季，十里不同天""山有多高，水有多高"的特殊地理气候同垦共创的梯田农耕文明奇观。哈尼梯田呈现人居、森林、村寨、梯田"四素同构"的农业生态系统，农耕生产技术和传统

哈尼梯田

文化活动均围绕梯田展开。哈尼梯田分布从山脚延伸至海拔2 000多米的山巅，级数最多可达3 700多级，规模宏大，气势磅礴，是人与自然和谐的杰作。遗产区及缓冲区总面积为461.04平方千米，其中遗产区面积为166.03平方千米。梯田集中连片的核心区域主要有坝达、多依树、老虎嘴3个片区，82个村寨。红河哈尼梯田文化景观不仅成为世界遗产地，同时也是我国第一个以民族名称命名的世界遗产。

5. 左江花山岩画（2016.7）

左江花山岩画位于广西壮族自治区崇左市宁明县、龙州县、江州区及扶绥县境内。

左江花山岩画

典型的喀斯特地貌造就了左江美丽神奇的山水画廊，展示出独特的景观和岩石艺术，是对该区域民族传统的唯一历史见证。2 000多年前战国至东汉时期南方壮族先民的伟大创造——左江花山岩画，分布在200多千米的左江两岸崖壁上，共有83个岩画点，图案280组，全部用赭红色的颜料绘制，形象各异、栩栩如生，人们称之为"赭红色的

灵魂"。其中宁明花山和龙州棉江花山规模最大、画面内容最丰富、视觉冲击力最强，是左江流域岩画的突出代表。

这些岩画古人是如何画上去的，是用什么颜料画而历经2 000多年不褪色，是表现宗教祭祀还是民族图腾的庆典活动？诸多问题至今仍是一个谜，一本难解的天书，不愧是"百里左江百里画，千古花山千古谜"。

三、世界遗产名录——中国自然遗产

1. 四川九寨沟风景名胜区（1992.12）

九寨沟位于四川省西北部阿坝州九寨沟县境内。

以"童话世界""人间仙境"而著称的九寨沟，是一条纵深40余千米的山沟谷地，因周围有9个藏族村寨而得名，总面积约620平方千米，地处青藏高原东南边缘的尕尔纳山峰北麓，海拔在2 000米至3 000米之间，自然景色兼有湖泊、瀑布、雪山、森林之美。沟中地僻人稀，景物特异，富于原始的自然风貌，有"童话世界"之誉。河谷地带有大小湖泊100多处，其中，"五花海"湖底为沉积石，色彩斑斓，在阳光

九寨沟名胜区

照射下，呈现出缤纷色彩。诺日朗瀑布，高约30米，宽约百米，壮丽异常。

2. 四川黄龙风景名胜区（1992.12）

黄龙名胜区位于四川省阿坝州松潘县境内。

黄龙风景名胜区面积700平方千米，主要景观集中于长约3.6千米的黄龙沟，沟内遍布碳酸钙沉积石，并呈梯田状排列，仿佛是一条金色巨龙，并伴有雪山、瀑布、原始森林、峡谷等景观。黄龙风景名胜区以独特的岩溶景观著称于世，以丰富的动植物资源享誉人间。从海拔2 000

黄龙名胜区

米的黄龙沟底部到海拔 3 800 米的山顶，依次出现亚热带常绿与落叶阔叶混交林、针叶阔叶混交林、亚高山针叶林、高山灌丛草甸等植被。大熊猫、金丝猴等 10 余种珍贵动物徜徉其间，使黄龙景区的特殊岩溶地貌与珍稀动植物资源相互交织，浑然天成。黄龙名胜区以其雄、峻、奇、野的风景特色，享有"世界奇观""人间瑶池"的美誉。

3. 湖南武陵源风景名胜区（1992.12）

武陵源位于湖南省张家界市。

武陵源风景名胜区总面积 369 平方千米，由张家界国家森林公园、索溪峪、天子山和杨家界四大景区组成。主要景观为石英砂岩峰林地貌，境内共有 3 103 座奇峰，姿态万千，蔚为壮观。景区内沟壑纵横，溪涧密布，森林茂密，人迹罕至，森林覆盖率达 85%，植被覆盖率达 99%，中、高等植物 3 000 余种，乔木树种 700 余种，可供观赏园林花卉多达

武陵源名胜区

450 种，陆生脊椎动物 50 科 116 种。区内地下溶洞串珠贯玉，黄龙洞已探明的洞底总面积约 10 万平方米，全长 7.5 千米，垂直高度 140 米，为世界地质公园、首批国家 5A 级旅游区，以奇峰、怪石、幽谷、秀水、溶洞"五绝"而闻名于世。

4. 云南"三江并流"自然景观（2003.7）

"三江并流"景观位于云南省青藏高原南部横断山脉的纵谷地区。

"三江并流"自然景观由怒江、澜沧江、金沙江及其流域内的山脉组成，整个区域面积达 4.1 万平方千米。"三江并流"景观地处东亚、南亚和青藏高原三大地理区域的交汇处，是世界上罕见的高山地貌及反映其演化的代表地区，也是世界上生物物种最为丰富的地区之一。该地区跨越丽江地区、迪庆藏族自治州、怒江傈僳族自治州三个地州，区内汇集了高山峡谷、雪峰冰川、高原湿地、森林草甸、淡水湖泊、稀有动物、珍贵植物等奇异景观。同时，该地区还是 16 个民族的聚居地，是世界上罕见的多民族、多语言、多宗教信仰和风俗习惯并存的地区。"三江并流"自然景观是科学家、探险家和旅游者的向往之地，具有重要的科学价值、美学意义和丰富多彩的少数民族文化。

三江并流

大熊猫栖息地

5. 四川大熊猫栖息地（2006.7）

四川大熊猫栖息地涵盖成都、阿坝、雅安、甘孜4个市州12个县。

四川大熊猫栖息地包括卧龙、四姑娘山、夹金山脉，面积9 245平方千米。这里生活着全世界30%以上的野生大熊猫，是全球最大、最完整的大熊猫栖息地，也是全球除热带雨林以外植物种类最丰富的区域之一，被国际自然保护组织选定为全球25个生物多样性热点之一，被全球环境保护组织确定为全球200个生态区之一。

6. 中国南方喀斯特（2007.6）

南方喀斯特主要位于云南省、贵州省和广西壮族自治区。

南方喀斯特地貌是世界上规模最大的喀斯特地貌分布区，疏密有致，色彩斑斓，屹立挺拔。

南方喀斯特由云南石林的剑状、柱状和塔状喀斯特，贵州荔波的森林喀斯特，重庆武隆的以天生桥、地缝、天洞为代表的立体喀斯特共同组成，形成于50万年至3亿年间，总面积达1 460平方千米，其中，核心区面积为480平方千米，缓冲区面积为980平方千米。

石林又称"路南石林"，是典型的喀斯特地貌，经过亿万年地质变化而形成。2004年，云南石林被联合国教科文组织批准为首批世界地质公园。云南石林还是彝族传说中阿诗玛的故乡,首批国家重点风景名胜区。云南石林的大小石林,以及剑状、柱状和塔状喀斯特景观入选世界遗产。

贵州荔波樟江风景名胜区的大、小七孔景区以及茂兰国家级自然保护区作为锥状喀斯特的代表被选入世界遗产。

重庆市武隆区境内的武隆喀斯特分为天生三桥、箐口天坑和芙蓉洞三大片,有天生桥、天坑、地缝、溶洞等立体喀斯特景观。

喀斯特地貌

7. 江西三清山(2008.7)

三清山位于江西上饶东北部。

三清山古有"天下无双福地""江南第一仙峰"之称,因玉京、玉虚、玉华三座山峰高耸入云,宛如道教玉清、上清、太清三个道教最高尊神而得名。三清山东险西奇、北秀南绝,四季景色绮丽秀美。三清山有着其独特花岗岩石柱与山峰,丰富的花岗岩造型石与多种植被、远近变化

三清山

的景观及震撼人心的气候奇观相结合,创造了世界上独一无二的景观美学效果,呈现了引人入胜的自然美。

8. 中国丹霞地貌(2010.8)

中国丹霞地貌包括广东丹霞山、贵州赤水、福建泰宁、湖南崀山、江西龙虎山、浙江江郎山6个省的6处国家级风景名胜区。

中国丹霞地貌是以一个系列获提名的世界自然遗产,以中国分布最广。1928年,在粤北仁化县发现丹霞地貌,并把形成丹霞地貌的红色沙砾岩层命名为丹霞层,此次全部被正式批准列入世界遗产名录。

丹霞地貌

9. 云南澄江帽天山化石(2012.7)

澄江帽天山化石地位于云南省玉溪市澄江县境内。

澄江化石地面积512公顷,缓冲区面积220公顷,距今5.3亿年,于1984年被发现,被誉为"20世纪最惊人的古生物发现之一"。澄江化石地共涵盖16个门类、200余个物种,这在世界同类化石地中极为罕见,完整展示了寒武纪早期海洋生物群落和生态系统。云南澄江化石遗址申遗成功使中国拥有了首个化石类世界遗产,填补了中国化石类自然遗产的空白。

澄江帽天山化石

10. 新疆天山(2013.6)

天山位于中亚腹地。

天山系世界七大山系之一,位于地球上最大的一块陆地——欧亚大陆腹地,是世界上最大的独立纬向山系,是世界上距离海洋最远的山系和全球干旱地区最大的山系,东西横跨中国、哈萨克斯坦、吉尔吉斯斯坦和乌兹别克斯坦四国,是一座巨大的国际山系。

新疆天山指中国境内的东天山,长达1 760千米,占天山总长度的2/3以上,横亘新疆全境,跨越了喀什、阿克苏、伊犁、博尔塔拉、巴音郭楞、昌吉、乌鲁木齐、吐鲁番、哈密9个地州市，是准噶尔盆地和塔里木盆地的天然地理分界，也是新疆地理的独特标志。远离海洋并被广阔沙漠所包围，展现了世界上最具代表性的温带干旱区山地综合自然景观，具有显著的景观多样性和独特的自然美，形成了全球最为典型的山地—绿洲—荒漠生态系统。同时，还是全球温带干旱区正在进行的生物生态演化过程的杰出范例。

天山

11. 湖北神农架（2016.7）

神农架林区位于湖北西部。

神农架林区，简称神农架，占地面积3千多平方千米。因"华夏始祖炎帝神农氏在此架木为梯，采尝百草，救民疾夭，教民稼穑而得名"。景区内至今留存着神农祭坛。

湖北神农架

神农架是殷商文化、秦汉文化、巴蜀文化、荆楚文化汇集地，地域民俗文化资源蕴藏丰富，门类繁多。近年来，神农架还有野人出没的传说。

神农架拥有三个世界级称号：中国首个获得联合国教科文组织人和生物圈保护区（1990年）、世界地质公园（2013年）、世界遗产（2016年），三大保护制度共同录入的"三冠王"名录遗产地。五个国字号：国家级自然保护区、国家地质公园、国家森林公园、大九湖国家湿地公园和国家公园。

神农架拥有全球中纬度地区唯一保存完好的北亚热带森林生态系统，是全球14个具有国际意义生物多样性保护与研究的关键地区之一，是中国17个具有世界意义的生物多样性关键地区之一和中国生物多样性保护优先区，众多珍稀、濒危野生动植物物种的关键栖息地，被誉为"天然物种基因库"。

12. 青海可可西里（2017.7）

可可西里：蒙语是指"青色的山梁"，藏语则是指"美丽的少女"。

位于中国青藏高原东北部，青海省西北部，玉树藏族自治州治多县、曲麻莱县境内。

总面积超过6万平方千米，涵盖可可西里国家级自然保护区全部、三江源国家级自然保护区索加—曲麻河保护分区一部分，是我国面积最大的世界自然遗产地。

青海可可西里

可可西里被公认为是"人类最后一片净土"，是高寒生态系统和高原湿地生态系统的完美结合。这里具有举世无双的生物多样性，分布有210种植物，其中72种为青藏高原特有物种，如短梗薹状雪灵芝、翠雀花、点地梅等；有脊椎动物75种，其中12种是青藏高原特有物种，如藏羚羊、盘羊、野牦牛、藏野驴，以及棕熊、狼等大型食肉动物。遗产地保护了藏羚羊的完整迁徙路线，藏羚羊是高原特有的濒危大型哺乳动物之一。

13. 贵州梵净山（2018.7）

梵净山位于贵州省铜仁市的江口、印江、松桃交界处。

梵净山原名"三山谷"，山名具有浓厚的佛教色彩，从"梵天净土"点化而来。它是国家级自然保护区，中国十大避暑名山，中国著名的弥勒菩萨道场，国际"人与生物圈保护网"（MAB）成员。武陵山脉主峰海拔2 493米，森林覆盖率为95%，是中国少有的佛教道场和自然保护区。

贵州梵净山

梵净山是贵州最独特的一个地标，是黔东灵山，是生态王国，是风景胜地，是一方净土，是一个返璞归真、颐养身心、令人遐思神往的人间仙境和天然氧吧。

14. 中国黄（渤）海候鸟栖息地（第一期）（2019.7）

中国黄（渤）海候鸟栖息地（第一期），包含江苏盐城南部候鸟栖息地和江苏盐城北部候鸟栖息地。

中国黄（渤）海候鸟栖息地（第一期）

中国黄（渤）海候鸟栖息地拥有世界上规模最大的潮间带滩涂，是濒危物种最多、受威胁程度最高的"东亚—澳大利西亚"国际候鸟迁徙路线的中心节点。它是全球数以百万计迁徙候鸟的停歇地、换羽地和越冬地，进而形成林、草、水、鹿、鸟共生的壮丽景象。

该区域为23种具有国际重要性的鸟类提供栖息地，支撑了17种世界自然保护联盟红色名录物种的生存，包括1种极危物种、5种濒危物种、5种易危物种。同时，这里还是世界上最稀有的迁徙候鸟勺嘴鹬、小青脚鹬的存活依赖地，也是中国丹顶鹤的最大越冬地，是中国第一个湿地类世界自然遗产，在全球自然界的鸟类迁徙中具有突出而普遍的价值。

四、世界遗产名录——中国文化遗产

1. 长城（1987.12）

中国的万里长城是人类文明史上最伟大的建筑工程，也是世界上修建时间最长、工程量最大的一项古代军事防御工程。它始建于 2 000 多年前的春秋战国时期，秦统一后连成万里长城。后经汉、明两代大规模修筑，连续不断地修筑了 2 000 多年，分布于中国东部、北部和中部的广大土地上，总计长度达 50 000 多千米，被称为"上下两千年，纵横十万里"。其工程之浩繁，气势之雄伟，堪称世界奇迹。

长城

岁月流逝，物是人非。如今当你登上昔日长城的遗址，不仅能目睹逶迤于群山峻岭之中的长城雄姿，还能领略到中华民族创造历史的大智大勇。2002 年 11 月，中国唯一的水上长城辽宁九门口长城通过联合国教科文组织的验收，作为长城的一部分正式挂牌成为世界文化遗产。

2. 北京故宫（北京，1987.12）、沈阳故宫（辽宁，2004.7）

北京故宫位于北京市区中心。

北京故宫又称紫禁城，为明、清两代的皇宫，有 24 位皇帝相继在此登基执政，始建于 1406 年，至今已近 600 年。北京故宫是世界上现存规模最大、最完整的古代木构建筑群，占地 72 万平方米，建筑面积约 15 万平方米，拥有殿宇 9 000 多间，现藏珍贵历代文物和艺术品约 100 万件。其中，太和殿（又称金銮殿）是皇帝举行即位、诞辰、节日庆典和出兵征伐等大典的地方。故宫黄瓦红墙、金扉朱楹、白玉雕栏、宫阙重叠、巍峨壮观，是中国古建筑的精华。

北京故宫

沈阳故宫位于沈阳市沈河区明、清旧城中心。

沈阳故宫是后金入关前的沈阳（盛京）皇宫和清朝迁都北京后的盛京行宫（或称奉天行宫），始建于1625年，初成于1636年，占地约6万平方米。1926年以后，其建筑群陆续辟作博物馆（现称沈阳故宫博物院）。2004年7月，沈阳故宫作为明清皇宫文化遗产扩展项目列入《世界遗产名录》。

沈阳故宫

3. 陕西秦始皇陵及兵马俑（1987.12）

秦始皇陵及兵马俑位于陕西临潼区城东5千米，距西安36千米。

陕西秦始皇陵及兵马俑是秦始皇嬴政的皇陵。陵区分陵园区和从葬区两部分。陵园占地近8平方千米，建内、外两重城，封土呈四方锥形，顶部略平，高55米，不仅是中国历史上第一座皇帝陵，也是最大的皇帝陵。1974年以来，在陵园东1.5千米处发现从葬兵马俑坑

兵马俑

三处，出土陶俑8 000件、战车百乘以及数万件实物兵器等文物。1980年又在陵园西侧出土青铜铸大型车马2乘，引起全世界的震惊和关注，被誉为"世界第八奇迹"。

4. 甘肃敦煌莫高窟（1987.12）

莫高窟位于甘肃敦煌市东南25千米的鸣沙山东麓崖壁上。

敦煌莫高窟俗称千佛洞，是丝路文明交流互鉴的典范，上下五层，南北长约1 600米，始凿于366年，后经十六国至元十几个朝代的开凿，形成一座内容丰富、规模宏大的石窟群。现存洞窟492个，壁画45 000平方米，彩塑2 400余身，

莫高窟

飞天4 000余身，唐宋木结构建筑5座，莲花柱石和铺地花砖数千块，是一处由建筑、绘画、雕塑组成的博大精深的综合艺术殿堂，是世界上现存规模最宏大、保存最完好的佛教艺术宝库，被誉为"东方艺术明珠"。20世纪初又发现了藏经洞（莫高窟第17洞），洞内藏有从4世纪到10世纪的写经、文书和文物五六万件，形成了著名的敦煌学。

5. 周口店北京人遗址（1987.12）

北京人遗址位于北京市房山区周口店龙骨山。

北京人遗址

周口店北京人遗址因20世纪20年代出土了较为完整的北京猿人化石而闻名于世，尤其是1929年发现了第一具北京人头盖骨，从而为北京人的存在提供了坚实的基础，成为古人类研究史上的里程碑。发现的化石中包括6件头盖骨、15件下颌骨、157枚牙齿及大量骨骼碎块，代表约40个北京猿人个体，为研究人类早期的生物学演化及早期文化的发展提供了实物依据。北京人生活在距今70万年至20万年之间，平均脑量达1 088毫升（现代人脑量为1 400毫升），身高为156厘米（男），150厘米（女）。北京人属石器时代，是最早使用火的古人类，并能捕猎大型动物，但寿命较短，68.2%死于14岁前，超过50岁的不足4.5%。

1930年，在龙骨山顶部发掘出生活于2万年前后的古人类化石，并命名为"山顶洞人"。1973年又发现介于二者年代之间的"新洞人"，表明北京人的延续和发展。

6. 河北承德避暑山庄及周围寺庙（1994.12）

承德避暑山庄位于河北省承德市中心北部武烈河西岸一带狭长的谷地上。

避暑山庄又名承德离宫或热河

承德避暑山庄

行宫，距离北京230千米，是清代皇帝夏天避暑和处理政务的场所。它始建于1703年，历经清朝三代皇帝——康熙、雍正、乾隆，耗时约90年建成。以朴素淡雅的山村野趣为格调，取自然山水之本色，吸收江南、塞北之风光，成为中国现存占地最大的古代帝王宫苑。

7. 山东曲阜的孔庙、孔府及孔林（1994.12）

孔庙、孔府及孔林位于山东省曲阜市。

曲阜三孔是中国历代纪念孔子、推崇儒学的表征，孔庙、孔府、孔林以丰厚的文化积淀、悠久的历史、宏大的规模、丰富的文物珍藏以及科学艺术价值而著称于世。

孔庙、孔府及孔林

8. 湖北武当山古建筑群（1994.12）

武当山位于中国湖北省十堰市境内。

武当山源于"非真武不足当之"，雄峰峻岭、标奇孕秀，景区"绵亘八百里"。在古代，武当山以"亘古无双胜境，天下第一仙山"的显赫地位成为千百年来人们顶礼膜拜的"神峰宝地"。武当山古建筑群与自然环境巧妙结合，达到了"仙山琼阁"的意境，成为我国著名的游览胜地和宗教活动场所。

武当山

9. 西藏布达拉宫（大昭寺、罗布林卡）（1994.12）

布达拉宫位于拉萨西北的玛布日山上。

西藏布达拉宫是著名的宫堡式建筑群，藏族古建筑艺术的精华，始建于公元7世纪，是藏王松赞干布为远嫁西藏的唐朝文成公主而建。现占地41公顷，宫体主楼13层，高115米，全部为石木结构，5座宫顶覆盖镏金铜瓦，金光灿烂，气势雄伟。布达

布达拉宫

拉宫分为两大部分：红宫和白宫。居中央的是红宫，主要用于宗教事务；两翼刷白粉的是白宫，是达赖喇嘛生活起居和政治活动的场所。布达拉宫于1994年12月入选《世界遗产名录》。2000年11月拉萨的大昭寺又入选。2001年12月，拉萨的罗布林卡也被补充加入此项世界文化遗产。

10. 云南丽江古城（1997.12）

丽江古城位于云南省西北部纳西族自治县境内。

丽江古城又名"大研古镇"，是云南省丽江纳西族自治县的中心城镇，坐落于玉龙雪山下，海拔2 400余米，是一座风景秀丽、历史悠久和文化灿烂的名城，也是中国罕见的保存较为完好的少数民族古城。丽江古城是第二批被批准的中国历史文化名城之一，是目前我国仅有的以整座古城申报世界文化遗产并获得成功的两座古县城之一（另一座为山西平遥古城）。它以充分体现人与自然的和谐统一、多元融合的文化为特点，是以平民化、世俗化的百姓古雅民居为主体的"建筑群"类型的历史文化古城。

丽江古城

11. 山西平遥古城（1997.12）

平遥古城位于山西省中部。

平遥古城是一座具有2 700多年历史的文化名城，古城始建于公元前827年到公元前782年间的周宣王时期，为西周大将尹吉甫驻军于此得建。自公元前221年秦朝实行"郡县制"以来，平遥城一直是县治所在

平遥古城

地，延续至今。平遥古城历尽沧桑、几经变迁，成为国内现存最完整的一座明清时期古代县城的原型。古城的城墙、街道、民居、店铺、庙宇等建筑基本完好，原来的形式和格局大体未动，是目前我国仅有的以整座古城申报世界文化遗产并获得成功的两座古县城之一（另一座为云南丽江古城）。

12. 苏州古典园林（1997.12）

苏州古典园林位于江苏省苏州市境内。

苏州是著名的历史文化名城和国家重点风景旅游城市，物华天宝，人杰地灵，自古以来被誉为"园林之城"，盛名享誉海内外。苏州古典园林的历史绵延2 000余年，在世界造园史上具有独特的历史地位和价值，她以写意山水的高超艺术手法，蕴含浓厚的传统思想文化内涵，展示东方文明的造园艺术典范，实为中华民族的艺术瑰宝。

苏州古典园林

13. 北京颐和园（1998.11）

颐和园位于北京西郊的西山脚下海淀一隅。

北京颐和园泉泽遍野，群峰叠翠，山光水色，风景如画。从公元11世纪起，这里就开始营建皇家园林，到800年后清朝结束时，园林总面积达到了1 000多公顷，如此大面积的皇家园林世所罕见。

北京颐和园

14. 北京天坛（1998.11）

天坛位于北京的南端，是明、清两代皇帝每年祭天和祈祷五谷丰收的地方。

天坛严谨的建筑布局，奇特的建筑结构，瑰丽的建筑装饰，被认为是我国现存

北京天坛

的一组最精致、最美丽的古建筑群,在世界上享有极高的声誉。天坛建于明永乐十八年（1420），与故宫同时修建,面积约270万平方米,分为内坛和外坛两部分,主要建筑物都在内坛。南有圆丘坛、皇穹宇,北有祈年殿、皇乾殿,由一座高2.5米、宽28米、长360米的甬道,把这两组建筑连接起来。天坛的总体设计,从它的建筑布局到每一个细节处理都强调了"天"。它那300多米长的高出地面的甬道,人们登临其上,环顾四周,首先看到的是那广阔的天空和象征天的祈年殿,一种与天接近的感觉油然而生。这条甬道又叫海漫大道,这是因为古人认为到天坛去拜天等于上天,而由人间到天上去的路途非常遥远而漫长。

15. 重庆大足石刻（1999.12）

大足石刻位于重庆市所辖大足区境内。

大足石刻

大足石刻以"大丰大足"而得名,是大足区境内主要表现为摩崖造像的石窟艺术的总称。始建于唐乾元元年（758）,县境内石刻造像星罗棋布,公布为文物保护单位的摩崖造像多达75处,雕像5万余身,铭文10万余字,是驰名中外的"石刻之乡"。大足石刻规模宏大,刻艺精湛,内容丰富,富有鲜明的民族特色,具有很高的历史、科学和艺术价值,在我国古代石窟艺术史上占有举足轻重的地位,被国内外誉为"神奇的东方艺术明珠"。

16. 明清皇家陵墓：明显陵（湖北钟祥市）、清东陵（河北遵化市）、清西陵（河北易县）（2000.11）

明显陵位于中国湖北省钟祥市东北7.5千米的纯德山。

明显陵是明世宗嘉靖皇帝的父亲恭睿皇帝和母亲章圣皇太后的合葬墓,始建于明正德十四年（1519）,陵墓面积1.83平方千米,也是我国中南地区唯一的一座明代帝王陵墓,是我国明代帝陵中最大的单体陵墓。其"一陵两冢"的陵寝结构,为历代帝王陵墓中绝无仅有。

清东陵位于河北省遵化市西北30千米处的马兰峪界,西距北京150千米,南距唐山100千米,北距承德100千米。

清东陵是葬有顺治、康熙、乾隆、咸丰和同治5位清朝皇帝,加上孝庄、慈禧和香妃等161人的大陵园,陵园大小建筑580座。清东陵堪称是清朝遗留的中国文化瑰宝。

明显陵

清东陵

清西陵位于河北省易县城西 15 千米的永宁山下，在北京西南方 120 千米。

这里葬着雍正、嘉庆、道光、光绪 4 位皇帝及他们的后妃、王爷、公主、阿哥等 76 人，共有陵寝 14 座，还配属建筑行宫、永福寺。这里风景秀丽，环境幽雅，规模宏大，体系完整，是一处典型的清代古建筑群，是清代帝王陵寝之一，与河北省遵化市清东陵东西相对，故称西陵。

清西陵

2003 年 7 月，北京市的十三陵和江苏省南京市的明孝陵作为明清皇家陵墓的一部分列入《世界遗产名录》。2004 年 7 月，盛京三陵作为明、清皇家陵墓扩展项目列入《世界遗产名录》。

17. 皖南古村落：西递、宏村（2000.11）

西递位于安徽省黄山市黄山南麓。

西递自古文风昌盛，始建于北宋，发展于明朝，鼎盛于清代初期。西递村整体布局显"船形"，四面环山，两条溪流串村而过。村落木雕、石雕、砖雕丰富多彩，空间变化灵活、建筑色调朴素淡雅，是中国徽派建筑艺术的典型代表。

宏村位于安徽省黟县东北部。

宏村名取"宏广发达"之意，村内鳞次栉比的层楼叠院与旖旎的湖光山色交相辉映，动静相宜，空灵蕴藉，处处美景，步步入画。从村外自然环境到村内的水系、街道、建筑，甚至室内布置都完整地保存着古村落的原始状态，没有丝毫现代文明的迹象。造型独特并拥有绝妙的田园风光，被誉为"中国画里乡村"。

西递

宏村

龙门石窟

18. 河南洛阳龙门石窟（2000.11）

龙门石窟位于洛阳市东南。

河南洛阳龙门石窟分布于伊水两岸的崖壁上，南北长达1千米，始凿于北魏年间，先后营造400多年。龙门地区的石窟和佛龛展现了中国北魏晚期至唐代（493—907）期间，最具规模和最为优秀的造型艺术。现存窟龛2 300多个，雕像10万余尊，这些翔实描述佛教宗教题材的艺术作品，是我国古代雕刻艺术的典范之作。

19. 四川青城山和都江堰（2000.11）

青城山位于四川成都所属都江堰风景区境内。

青城山是中国著名的道教名山，山内古木参天，群峰环抱，四季如春，故名青城山。青城山分青城前山和青城后山，前山景色优美，文物古迹众多；后山自然景物原始而华美，如世外桃源，绮丽而又神秘。

都江堰

青城山

都江堰位于四川成都平原西部的岷江上，建于公元 3 世纪，是战国时期秦国蜀郡太守李冰父子率众修建的一座大型水利工程，是全世界至今为止，年代最久、唯一留存、以无坝引水为特征的宏大水利工程。2 200 多年来，至今仍发挥巨大作用。李冰治水，功在当代，利在千秋，不愧为造福人民的宏大工程，文明世界的伟大杰作。

20. 山西云冈石窟（2001.12）

云冈石窟位于山西省大同市境内。

云冈石窟有窟龛 252 个，造像 51 000 余尊，代表了 5 世纪至 6 世纪时中国杰出的佛教石窟艺术。其中的昙曜五窟，布局设计严谨统一，是中国佛教艺术第一个巅峰时期的经典杰作。

云冈石窟

21. 吉林高句丽王城、王陵及贵族墓葬（2004.7）

高句丽王城、王陵及贵族墓葬位于吉林省集安市境内。

主体坐落于吉林省集安市的中国高句丽王城、王陵及贵族墓葬，建筑技艺之精湛，堪称同时代工艺的典范，体现了高超的艺术水准，众多珍贵文物反映了高句丽时期独具特色的文明。

高句丽王城

22. 澳门历史城区（2005）

澳门历史城区位于澳门特别行政区内。

澳门历史城区是联结相邻的众多广场空间、20 多处历史建筑，以及以旧城区为核心的历史街区。覆盖范围包括妈阁庙前地、亚婆井前地、岗顶前地、议事亭前地、大堂前地、板樟堂前地、耶稣会纪念广场、白鸽巢前地等多个广场空间，以及

澳门历史城区

妈阁庙、港务局大楼、郑家大屋、圣老楞佐教堂、圣若瑟修院及圣堂、岗顶剧院、何东图书馆、圣奥斯定教堂、民政总署大楼、三街会馆（关帝庙）、仁慈堂大楼、大堂（主教座堂）、卢家大屋、玫瑰堂、大三巴牌坊、哪吒庙、旧城墙遗址、大炮台、圣安多尼教堂、东方基金会会址、基督教坟场、东望洋炮台（含东望洋灯塔及圣母雪地殿圣堂）等20多处历史建筑。

23. 河南安阳殷墟（2006.7）

安阳殷墟位于河南省安阳市区西北小屯村一带。

安阳商代遗址又名殷墟，占地约24平方千米，距今已有3 300多年历史。殷墟是闻名中外的中国商代晚期都城遗址，是中国历史上有文献可考，并为甲骨文和考古发掘所证实的最早的古代都城遗址。

24. 广东开平碉楼与古村落（2007.6）

开平碉楼位于广东省开平市。

开平碉楼是中国乡土建筑的一个特殊类型，它是一种集防卫、居住和中西建筑艺术于一体的多层塔楼式建筑。最迟在明代后期（16世纪）已经出现，到19世纪末20世纪初发展成为表现中国华侨历史、社会形态与文化传统的一种独具特色的群体建筑形象。

25. 福建土楼（2008.7）

福建土楼位于福建闽南、闽西的漳州、龙岩地区，由永定、南靖、华安的"六群四楼"共46座土楼组成，包括永定区的初溪土楼群、洪坑土楼群、高北土楼群、衍香楼、振福楼，南靖县的田螺坑土楼群、河坑土楼群、和贵楼、怀远楼，华安县的大地土楼群。

安阳殷墟

开平碉楼

福建土楼

福建土楼是世界上独一无二的山区大型夯土民居建筑，生土建筑艺术的杰作。其产生于宋元时期，经过明代早、中期的发展，明末、清代、民国时期逐渐成熟，并一直延续至今。福建土楼依山就势，布局合理，吸收了中国传统建筑规划的"风水"理念，适应聚族而居的生活和防御的要求，巧妙地利用了山间狭小的平地和当地的生土、木材、鹅卵石等建筑材料，是一种自成体系，具有节约、坚固、防御性强等特点，又极富美感的生土高层建筑类型。土楼文化根植于东方血缘伦理关系，是聚族而居传统文化的历史见证，体现了世界上独一无二的大型生土夯筑的建筑艺术成就，具有"普遍而杰出的价值"。

26. 登封历史建筑群（2010.7）

登封历史建筑群位于河南郑州登封一带。

创建于东汉时期的少室阙、启母阙，是中国最古老的国家级祭祀礼制建筑典范；中岳庙和太室阙，是中国古代礼制建筑格局最全面的代表；周公测景台和观星台，是中国现存最古老的天文台；嵩阳书院作为中国最早的传播儒家理学、祭祀儒家圣贤和举

登封历史建筑群

行考试的书院，是已经消失了的书院文化的载体；嵩岳寺塔、少林寺建筑群和会善寺，是不同时期佛教在中国发展的纪念碑，深刻影响了我国的宗教建筑形制。在中国人的早期宇宙观中，中国是位居天地中央之国，天地之中在中国中原的郑州登封一带，因而这里成为中国早期王朝建都之地、中国文明起源的中心和文化荟萃的中心。中国古代礼制、天文、儒教、佛教、道教等文化流派纷纷来此朝拜圣山、祭祀山神、传经、讲道，并在此建立核心基地。

27. 元上都遗址（2012.6）

元上都遗址位于中国内蒙古自治区锡林郭勒盟正蓝旗和多伦县境内。

作为草原都城遗址，元上都遗址展示了文化融合的特点，见证了北亚地区游牧文明和东亚农耕文明之间的碰撞及相互交融。遗产区面积约251

元上都遗址

平方千米，包括城址、关厢、铁幡竿渠、砧子山墓群、一棵树墓群等。公元 1256 年，忽必烈在此建开平府，1263 年升为上都，曾作为元朝第一个都城和夏都。

28．"丝绸之路"天山廊道（2014.6）

"丝绸之路"天山廊道是我国参加的第一个跨国（包括：中、哈、吉三国共 33 处遗产点）申遗项目，是广阔丝绸之路中的一段廊道，总长约 8 700 千米。

"丝绸之路"天山廊道

公元 2 世纪，丝绸之路将中国与罗马帝国的两大中心连接起来，包含一系列商贸道路的天山廊道也随之成形，公元 16 世纪前一直是当时世界最重要的商贸通道。

丝绸之路天山廊道始于古代中国的政治、经济、文化中心古都长安至中亚七河流域地区，代表的是丝绸之路的灿烂辉煌、大度包容、交流协作和共同繁荣，为世界主要文明的发展发挥了重要作用，是世界上最卓越的远距离交流通道的最重要的有机组成部分。

29．京杭大运河（2014.6）

京杭大运河位于我国东部广大平原地区。

京杭大运河是世界建造时间最早、使用最久、空间跨度最大、里程最长的一条人工运河，是中华民族留给世界的宝贵遗产。开凿至今 1 600 多年，全长 1 794 千米，与长城、坎儿井并称为中国古代的三项伟大工程，是中国古代劳动人民创造的一项伟大的水利工程。它不是一条自然的、生态的河，它不同凡响，是由国家最高权力机构出于政治统一、经济输送、文化交流之目的，凭借人力开挖的一条人工大运河。南起余杭（今杭州），北到涿郡（今北京），流经天津、河北、山东、江苏和浙江四省二市，沟通海河、黄河、淮河、长江和钱塘江五大水系，为世界第一大人工运河。把中国连成了一个统一的国家，并使中国的政治轴心线由东西走向演变成南北走向，是一项包含政治权力、经济输送、文化交流内涵的具有伟大历史意义的工程，是中华民族的伟大创造和瑰宝。

京杭大运河

30. 土司遗址（2015.7）

包括：湖南永顺土司城遗址、贵州遵义播州海龙屯遗址、湖北唐崖土司城遗址。三处遗址为中国规模较大、格局完整、遗存丰富且最具价值特征代表性的土司城遗址，传承着各自典型的民族习俗与文化传统。三处遗址的组合见证了古代中国作为统一多民族国家，展现了西南多民族地区独特的"齐政修教、因俗而治"的管理智慧，体现了中央政权与地方族群在民族文化传承和国家认同方面的人类价值观交流。

湖南永顺土司城遗址

湖南永顺土司城遗址位于湘西州永顺县灵溪河畔，是当今中国规模最大、保存最完整、历史最悠久的古代土司城遗址。始于公元910年，止于公元1727年，世袭二十七代，历时818年。

贵州遵义播州海龙屯遗址位于贵州省遵义播州老城北约15千米的龙岩山东麓，始建于1257年，止于1600年。它是山地建筑的杰出典范，蕴藏着深邃的军事防御理念，被称为中国乃至亚洲保存最好的古代军事城堡建筑遗迹之一。

湖北唐崖土司城遗址位于湖北省恩施土家族苗族自治州咸丰县，主要遗存年代为明代中后期至清初，彰显出其显赫的历史地位和"三街十八巷三十六院"的庞大气势，历经时代的沧桑巨变而保存完好，所以弥足珍贵。

31. 福建鼓浪屿（2017.7）

鼓浪屿位于福建九龙江入海口。

鼓浪屿原名圆沙洲，因岛西南方海滩上有礁石，每当涨潮时，海水冲击礁石，声如敲鼓，称之为鼓浪石，鼓浪屿由此得名。

贵州遵义播州海龙屯遗址

湖北唐崖土司城遗址

福建鼓浪屿

范围包括：鼓浪屿全岛及其近岸水域，总面积316.2公顷。在传统聚居地的基础上，逐渐形成多元文化交融发展的历史国际社区，为中国最美五大城区。现存有931座展现本土和国际不同风格的历史建筑、园林和自然景观、历史道路网络，体现了现代人居理念和当地传统文化的融合，是文化融合交流的特殊案例。它保持了清晰的城市肌理，混合了中国传统的闽南和西方古典文艺复兴等不同的建筑风格，形成了一种新的建筑方式——厦门装饰风格。它是多元文化融合最杰出的范例，是20世纪初现代风格和装饰艺术的综合代表，是人类社会变革中的历史见证。

32. 良渚遗址（2019.7）

良渚遗址位于浙江省杭州市余杭区的良渚、瓶窑两镇。

范围包括：遗产区和缓冲区，其中遗产区由瑶山片区、城址片区、谷口高坝片区和平原低坝—山前长堤片区四部分组成。

良渚遗址是一个占地34万平方米的新石器时代晚期遗址群，是夏商周三代以前中国长江下游太湖流域重要的古文化，距今约5 300年至4 000年。它是中国文明起源阶段规模最大、水平最高的遗址，成为证实中华5 000年文明史的最有力的证据，是中华文明探源工程的重要部分。

良渚古城文明

良渚遗址出土的玉琮、玉璧反映了当时社会的发展程度和阶级制度，已经达到了"国家"的标准。良渚文化实证了中华5 000年文明史，是中国和人类罕见的珍贵历史文化遗产。

泉州老君岩老子像

33. 泉州：宋元中国的世界海洋商贸中心（2021.7）

宋元中国的世界海洋商贸中心位于福建省泉州市自海港经江口平原并一直延伸到腹地山区的广阔空间内。整体由22处代表性古迹遗址及关联环境构成。

泉州，曾是中国古代"海上丝绸之路"上一颗璀璨的明珠。2017年，它被联合国认定为"海上丝绸之路"的起点，是10—14世纪世界海洋贸易网络中高度繁荣的商贸中心之一，13世纪意大利旅行家马可·波罗将它赞誉为"世界最大之港"。因"千帆竞发刺桐港，百舸争流丝绸路"，而被誉为"东方第一大港""梯航万国"的"东南巨镇"。作为宋元中国与世界的对话窗口，泉州展现了中国完备的海洋贸易制度体系、发达的经济水平以及多元包容的文化态度。从海港、码头群到与之相伴的桥梁和驿道，从城区的多元社群宗教建筑和雕像到山区里陶瓷和冶铁生产基地，从行政管理机构遗址到由城门、城墙、路网等构成的城市格局关键设施遗迹，这22处承载着宋元泉州整体关键价值特征的古迹遗址，近千年来，完整地体现了宋元泉州高度整合的产—运—销一体化的海外贸易体系，以及支撑其运行的制度、社群、文化因素所构成的多元社会系统，多维度地展现了"宋元中国的世界海洋商贸中心"这一价值主题。

第二节 世界遗产名录——世界名录

1. 埃及金字塔

金字塔

金字塔位于埃及首都开罗西南部约10千米的吉萨高地的吉萨高原荒漠中。

埃及金字塔距今已有4 500年的历史，由于它形似汉字中的"金"字，因而被称为"金字塔"。金字塔本身是一座王陵建筑，它规模宏伟，结构精密，塔内除墓室和通道外都是实心的，顶部呈锥角。金字塔历经多次地震都岿然不动，完好无损，被誉为当今最高的古代建筑物和世界八大奇迹之首。金字塔前有座狮身人面像，是古埃及国王第四王朝法老胡夫的儿子哈夫尔的形象，它叫斯芬克斯，高20米，长57米，除狮爪是用石头砌成之外，整个狮身人面像是一块天然的大岩石凿成的。

2. 宙斯神像

宙斯神像位于希腊西岸奥林匹亚古城中的宙斯神殿中。

宙斯神殿采用多利克式建筑风格，表面铺上灰泥的石灰岩，殿顶则用大理石兴建而成，神殿共由34条高约17米的科林斯式石柱支撑着。神殿主角"宙斯"是木制的，配以象牙雕成的肌肉和金制的衣饰。宝座也是木底包金，嵌着乌木、宝石和玻璃，历时八年之久才完成。宙斯是希腊众神之神，为表达崇拜而兴建的宙斯神像是当时世界上最大的室内雕像。宙斯神像所在的宙斯神殿则是奥林匹克运动会的发源地，部分奥运项目就曾经在此举行。

宙斯神殿遗址

宙斯神像

3. 法洛斯灯塔

法洛斯灯塔位于埃及的亚历山大港附近的法洛斯岛上。

这是世界八大奇观中唯一不带宗教色彩，纯粹为人民生活而建的古代建筑。灯塔在黑夜中发出耀眼的光芒，照耀整个亚历山大港，引导着海上的船只，是当时世界上最高的建筑物。法洛斯灯塔以白色大理石建造，共分三层：第一层为正方形的四角柱，高56米，

法洛斯灯塔

四角准确地朝着东南西北；第二层为八角形，高18米；第三层是圆锥形，高7米，最上面为圆锥形屋顶，矗立着海神波赛顿的雕像。最令人叹为观止的是灯塔的高度，传说整座灯塔有140米高（相当于现代一幢四十层高的建筑物）。灯塔依靠燃烧柴油，把光线集中于后方的青铜制的反射镜，以旋转360度反射出去照耀大海，其亮度可照耀56千米外，海上的人凭着光线，可以确认亚力山大港的位置。它同时具有防卫及侦察功能，塔内设有三百多间房间，可以驻扎军队。灯塔尽管有140米高，却没有阶梯，燃油及补给品是依靠骡子沿着螺旋状斜坡而上，场面极为壮观。

4. 巴比伦空中花园

巴比伦空中花园位于今伊拉克首都巴格达以南90千米处，幼发拉底河右岸。

被列为古代世界八大奇迹之一的巴比

巴比伦空中花园

伦"空中花园"建于公元前2350年,亦称"悬苑"。巴比伦是世界著名古城遗址和人类文明的发祥地之一,是与古代中国、印度、埃及齐名的人类文明发祥地。巴比伦意即"神之门",由于地处交通要冲,"神之门"不断扩展,成为幼发拉底河和底格里斯河两河流域的重镇。公元前2000年至公元前1000年,巴比伦曾是西亚最繁华的政治、经济以及商业和文化中心,这里还曾是古巴比伦王国和新巴比伦王国的首都。

5. 阿提密斯神殿

阿提密斯神殿遗址估计位于古城爱菲索斯中,现土耳其境内。

阿提密斯神殿

罗得斯岛巨像

阿提密斯是希腊的月亮和狩猎女神,众神之王宙斯和利托的女儿,也是太阳神阿波罗的孪生妹妹,原是小亚细亚的母亲女神。在埃及,她相当于工艺与魔法之神埃西丝,罗马人称她为戴安娜。在古代的希腊,阿提密斯女神极受尊敬,因此人们建造神殿以作崇拜,是世界八大奇观之一。

6. 罗得斯岛巨像

罗得斯岛巨像位于希腊爱琴海东南部的罗得斯岛通往地中海港口的入口处。

罗得斯岛巨像是世界八大奇观中最为神秘的,因为它只有56年的生命便因地震而倒下,考古学家至今仍未确定它的位置及外观。古典学者表示,类似巨像的雕像大多是竖立在神庙旁,但罗得斯岛的太阳神庙位于城中央山丘上,庙旁没有任何巨像影迹,却发现一条重要线索,巨像时代的巨大城墙从城镇一直延伸到港口,证明罗得斯港大半是人工建造的,也显示巨像可能就在全新港口城墙的尾端。

7. 毛索洛斯墓庙

毛索洛斯墓庙位于土耳其西南方的哈利卡纳素斯(今博德鲁姆)。

在15世纪初,哈利卡纳素斯被侵占,新的统治者为了建一座巨大的城堡,在1494年将毛索洛斯墓庙的一些石头用作建筑材料,时至今日,有不少的雕塑仍然幸存,并存放在英国伦敦的博物馆内。自从19世纪开始,毛索洛斯墓庙一直进行考古挖掘,这些挖掘提供了不少有关毛索洛斯墓庙的资料,使我们对毛索洛斯墓庙的形状和外观有了更多的认识。

毛索洛斯墓庙

中国万里长城

8. 中国万里长城

长城位于中国的北部，它东起河北省渤海湾的山海关，西至内陆地区甘肃省的嘉峪关。横贯河北、北京、内蒙古、山西、陕西、宁夏、甘肃七个省、市和自治区。

中国万里长城是中国古代伟大的工程之一，始建于春秋战国（公元前770—公元前476）。以现代科技来修筑这样的建筑都不容易，而我国竟能于两千多年前的春秋战国时代建筑完成，实在难得。长城东段经过山地或丘陵地，堑山堙古、用险制塞、起伏蜿蜒；中段、西段都在干燥区域，人烟稀少，景色荒凉。登临其间的山海关、雁门关、居庸关或嘉峪关，遥望我国山川河流，将叹服先民开疆拓土的艰难，激起无限的壮志雄心。

9. 秦兵马俑

秦兵马俑位于中国陕西省西安市临潼区以东大约7千米处，秦始皇陵园东侧。

1974年3月，在陵东的西杨村村民抗旱打井时，发现了规模宏大的秦始皇陵兵马俑坑，揭开了埋葬于地下的2 000多年前的秦俑宝藏。秦始皇兵马俑是世界最大的地下军事博物馆，是古代秦国军队的阵形。秦始皇兵马俑整体风格浑厚、气势

秦兵马俑

磅礴。人物是按照当时真人雕刻出来的,脸型、发型、体态、神韵各有差异,从中可以看出秦兵来自不同的地区,有不同的民族,人物性格也不尽相同,其人物脸型没有一个是相同的。陶马则双耳竖立,有的张嘴嘶鸣,有的闭嘴静立。所有这些均使秦始皇兵马俑富有感人的艺术魅力,为世界八大奇迹之一。

1. 从"到此一游"中,谈谈人类应当如何更好地保护好世界文化和自然遗产;如何更好地继承世界文化和自然遗产,并从中吸取其智慧和力量。

2. 实地考察本地世界遗产、文物古迹或参观博物馆,增加对世界遗产的感性认识,同时了解我国古代文明的辉煌成就,增强作为中华民族一员的自豪感。

一、判断题

(一)江西庐山属于中国文化与自然双遗产。　　　　　　　　　　(　　)

(二)法洛斯灯塔是世界八大奇观中唯一不带宗教色彩的古代建筑。　　(　　)

二、名词解释

(一)三江并流:

(二)丹霞地貌:

三、思考题

(一)五台山是中国四大佛教名山,被列入《世界遗产名录》,请介绍其旅游资源的稀缺性。

(二)我国哪个省的世界遗产最多?请说说它们的特色。

四、拓展题

在地图上指出我国世界遗产的位置。

五、链接题

讨论世界遗产开发和保护之间的关系。

参考答案